ISLAMIC
CAIRO
IN MAPS

ISLAMIC
CAIRO
IN MAPS
FINDING THE MONUMENTS

YASSER M. AYAD

The American University in Cairo Press
Cairo   New York

Page ii: Mosque–Madrasa of Sultan Hasan (133) **D4D2 C1B5**

First published in 2022 by
The American University in Cairo Press
113 Sharia Kasr el Aini, Cairo, Egypt
One Rockefeller Plaza, 10th Floor, New York, NY 10020
www.aucpress.com

ISBN 978 1 649 03111 2

Library of Congress Catologing-in-Publication Data

Names: Ayad, Yasser, 1965- creator.
Title: Islamic cairo in maps : finding the monuments / Yasser Ayad.
Identifiers: LCCN 2021017451 | ISBN 9781649031112 (paperback)
Subjects: LCSH: Cairo (Egypt)--Maps. | LCGFT: Atlases.
Classification: LCC G2494.C2 A9 2021 | DDC 912.62/16--dc23

1 2 3 4 5   26 25 24 23 22

Designed by Yasser M. Ayad
Printed in China

Contents

Introduction

Egypt is most commonly recognized for its wealth of ancient monuments that are spread all over the country. Egypt's name is always associated with famous monuments such as the Pyramids of Giza, the Sphinx, as well as the many temples of the south. On the other hand, less is known about its more recent, Islamic-era heritage, especially those places located in the heart of Cairo. This book is an effort to highlight the wealth of those historical places that are woven into Cairo's complex urban fabric. It is a compilation of a series of guide maps that are intended to help identify the location, types, and names of hundreds of monuments that were erected during the period between the seventh and the nineteenth centuries.

The maps were built using the latest technologies of Geographic Information Systems (GIS), a field that enables the interaction of geography and databases, allowing the storage and retrieval of location-based information. One of the strong aspects of GIS is that the information can be updated or expanded when needed. It also provides the opportunity to serve those maps online for an even more interactive experience. The geographic location of each of the identified monuments was found using different sources, including Warner (2005), Williams (2008), and the "Cairo Muhammadan Monuments" (1948) maps and their corresponding reference sheets provided by the National Survey Agency (Maslahat al-Misaha). Over seven hundred monuments from different eras have been recorded, including those that are registered at the Egyptian Ministry of Antiquities; those that are unregistered but identified as possessing a historical value by multiple references; and, as a way to document some of the lost segments of history, those monuments that were demolished. The database is by no means complete. It is acknowledged that it will remain a work in progress with room for corrections and updates.

This guide is divided into six main sections, five of which contain clusters of monuments and one which covers structures scattered all around the old Cairene urban fabric. The first section (A) covers the main Fatimid district, mainly inside the old walls of Cairo, including the most visited places in the area containing Shari' al-Mu'izz li-Din Illah, one of the richest collections of Islamic monuments in Cairo. The second section (B) encompasses Bab al-Wazir and Suq al-Silah Streets, both of which contain a wealth of monuments but are infrequently visited. The third section (C) covers the Citadel of Muhammad 'Ali and the surrounding area. It includes the famous Mosque–Madrasa of Sultan Hasan. The fourth section (D) includes the Mosque of Ibn Tulun, one of the oldest Islamic monuments in Cairo, and Shari' Saliba. The fifth section (E) contains old Coptic Cairo, including monuments that predate the Islamic dynasties, such as the Fortress of Babylon, the Hanging Church, and the Synagogue of Ben Ezra. It also includes the Mosque of 'Amr ibn al-'As, the Nilometer, and the surrounding areas. Finally, the sixth section (F) covers those monuments that are scattered throughout Cairo.

Each map sheet is numbered, and the surrounding sheet numbers are listed in the margins whenever applicable. A grid is superimposed on each sheet in order to facilitate locating features (monuments as well as streets) using the index located at the end of this book.

6

How to Use the Maps

The map key on page 8 includes the six main sections covered in this book. Each is color coded and named from A to F. These assigned colors are used throughout the book for easy access to each map page. Note that Section F is scattered throughout Cairo. It basically covers multiple monuments that are distributed unevenly around old Cairo, from Bulaq in the west to the Northern Cemeteries to the east, and from the Mosque of al-Sultan al-Zahir Baybars al-Bunduqdari in the north to the Southern Cemeteries in the south.

Each of the six sections is first introduced with highlights of the area's most prominent monuments and a tile index of the section. Use these introductory pages as a guide to the corresponding section. For example, "The Fatimid District" on page 11 (Section A) is marked by its pink color code, a quick introduction, a map key in the top right corner with the twelve tiles of the section (A1–A12), and a main map that presents highlights of the section monuments.

Each map page (tile) is covered by a grid of rows, numbered from 1 to 5, and columns, numbered from A to D. These grid cells are used in the index located at the end of this book, which will help in browsing the monuments and locating them on their corresponding map pages.

Each monument is labeled by its most common name. Where applicable, alternative monument names are indicated between parentheses.

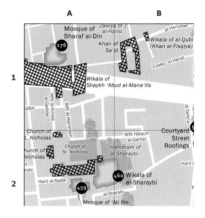

Map Legend

 Registered Monuments

 Demolished Monuments

 Unregistered Monuments

 Parks & Open Spaces

 Street Blocks

 Shrubs and Trees

7

Map Key

The Fatimid District

The Fatimid area of Islamic Cairo is listed among UNESCO's World Heritage Sites of Living Monuments. The famous Shari' al-Mu'izz li-Din Illah is the main axis of this region. It starts from Bab Zuwayla in the south and ends at Bab al-Futuh in the north. It hosts multiple monuments that date back from the Fatimid period up to the Ottoman era.

*Sabil-Kuttab of Muhammad 'Ali Basha (al-Nahhasin) (402) **A7**C2*

Bab al-Wazir & Suq al-Silah

This area is typically overlooked by visitors to the historical district of Islamic Cairo. It falls outside the original Fatimid Cairo walls but includes a wealth of monuments that are mainly distributed along streets such as Bab al-Wazir, Suq al-Silah, and al-Khayamiya.

*Mosque of Aqsunqur (123) **B8**D2*

The Citadel & the Surrounding Area

The Citadel area is well known for the Muhammad 'Ali Mosque as well as the Sultan Hasan and al-Rifa'i Mosques. This area represents the Mamluk, Muhammad 'Ali, and late Ottoman periods.

*Mosque of al-Nasir Muhammad (143) **C5**D2*

Ibn Tulun Area

The Ibn Tulun Mosque area includes Shari' Saliba and its surrounding areas. It contains examples of architecture of the early Islamic eras, including the Tulunid era and many Mamluk monuments.

*Mosque of Ahmad ibn Tulun (220) **D7**C3*

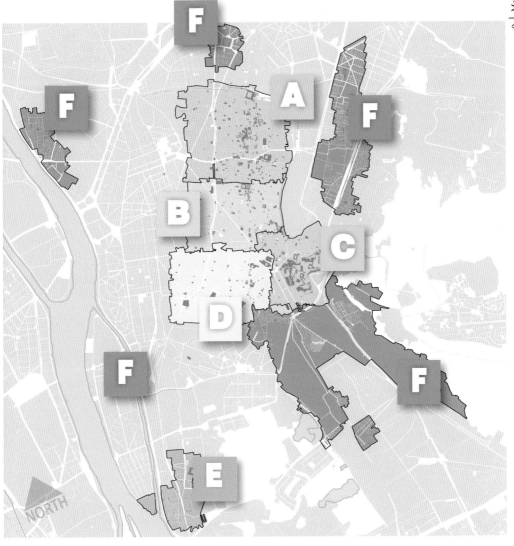

E **Coptic & Old Cairo**
This area includes the Fortress of Babylon, many Coptic churches, a synagogue, and the Mosque of 'Amr ibn al-'As of the Fustat region of the early Islamic conquests. This section also includes the southern part of the island of Roda.

F **Other Places of Interest**
This area includes scattered monuments in Cairo. Among these are the area around the Citadel, the Northern and Southern Cemeteries, and the Mosque of al-Sultan al-Zahir Baybars al-Bunduqdari.

The Fatimid District

When al-Mu'izz li-Din Illah decided to conquer Egypt in AD 969, he was also determined to locate the new capital of the Fatimid caliphate in it. Walls and gates were established to enclose the city. It was only then that it acquired its current name: "al-Qahira". This section includes monuments that are mostly contained within these walls, covering the area between two main city gates. It extends from Bab al-Nasr in the north to Bab Zuwayla in the south, and it includes the famous Shari' al-Mu'izz li-Din Illah which contains a variety of renowned monuments from different eras.

1. Bab Zuwayla and al-Mu'ayyad Shaykh Mosque
2. al-Ghuryia Complex
3. Shari' al-Mu'izz and Qalawun Complex
4. Bab al-Nasr and al-Hakim Mosque
5. Shari' al-Gamaliya and Baybars Mosque
6. Khan al-Khalili area
7. al-Azhar Mosque and the surrounding area

A1	A2	A3	A4
A5	A6	A7	A8
A9	A10	A11	A12

Mosque-Mausoleum of al-Mu'ayyad Shaykh (190) **A11**B5 **B3**B1

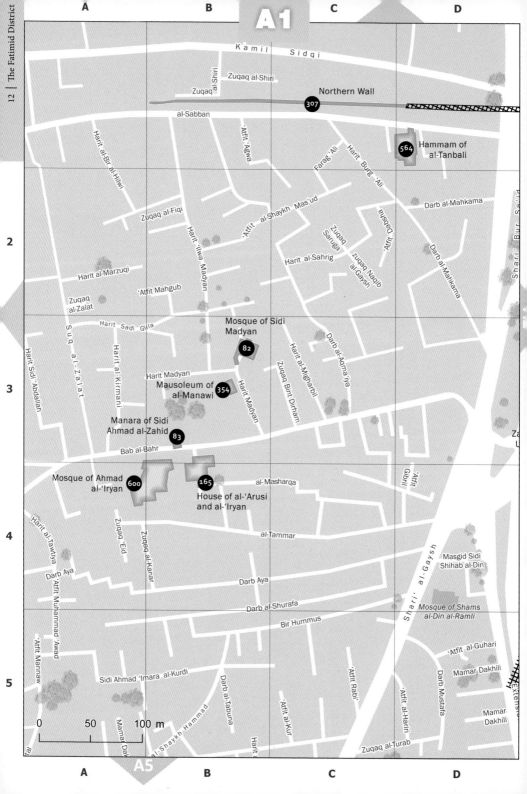

A1

A5

A **B** **C** **D**

Kamil Sidqi

Zuqaq al-Shiri

al-Shiri

Zuqaq al-Shiri

Northern Wall

307

al-Sabban

Hammam of
al-Tanbali

564

Harit al-Bir al-Hilwi

'Atfit 'Agwa

Farag 'Ali

Harit Burg 'Ali

Darb al-Mahkama

Shari' Bur Sa'id

Zuqaq al-Fiqi

'Atfit al-Shaykh Mas'ud

Harit 'Ilwa Madyan

Zuqaq Naqib
al-Gaysh

Zuqaq
Saruga

Dabsha

'Atfit

Darb al-Mahkama

2

Harit al-Marzuqi

'Atfit Mahgub

Harit al-Sahrig

Zuqaq
al-Zalat

Harit Sadi Gilla

Suq al-Zalat

Mosque of Sidi
Madyan

82

Harit Madyan

Darb al-Atma'iya

3

Harit Sidi 'Abdallah

Harit al-Kirmani

Mausoleum
of al-Manawi

354

Harit Madyan

Harit al-Migharbi

Darb al-Atma'iya

Zuqaq Bint Dirham

Za
U

Manara of Sidi
Ahmad al-Zahid

83

Bab al-Bahr

Mosque of Ahmad
al-'Iryan

600

165

al-Masharqa

'Atfit
Gibril

House of al-'Arusi
and al-'Iryan

Zuqaq 'Eid

Zuqaq al-Kanar

al-Tammar

Shari' al-Gaysh

Masgid Sidi
Shihab al-Din

4

Harit al-Tawtiya

Darb Aya

Darb Aya

Darb al-Shurafa

Mosque of Shams
al-Din al-Ramli

'Atfit Muhammad 'Awad

Bir Hummus

'Atfit al-Guhari

'Atfit Mannaw

Sidi Ahmad 'Imara al-Kurdi

Darb al-Tabuna

'Atfit Rabi'

'Atfit al-Kur

'Atfit al-Hariri

Darb Mustafa

Mamar Dakhili

Mamar
Dakhili

5

Mamar Dakh

al-Shaykh Hammad

Harit al

Zuqaq al-Turab

Extension

0   50   100 m

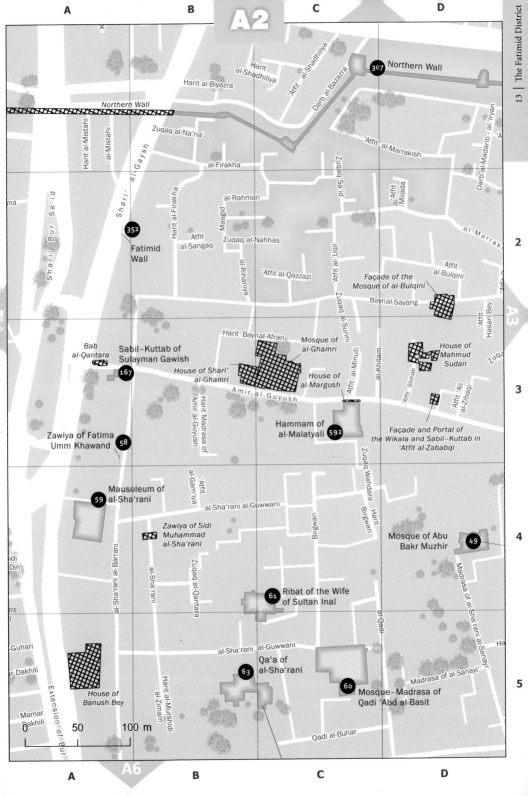

A2

A3

A6

307 Northern Wall

Northern Wall

Harit al-Shadhiliya

Harit al-Biyazra

'Atfit al-Shadhiliya

Darb al-Bazazra

'Atfit al-Marrakish

Darb al-Madarib al-'Iryan

Zuqaq al-Na'na'

al-Firakha

Harit al-Firakha

al-Rahman

Zuqaq Sa'id

'Atfit Milada

al-Marraki

352 Fatimid Wall

Masgid

'Atfit al-Sangaq

Zuqaq al-Nahhas

'Atfit al-Bulqini

al-Rihaniya

'Atfit al-Qazzazi

Zuqaq al-Suuni

'Atfit al-'Uqil

Façade of the Mosque of al-Bulqini

Baynal-Sayarg

'Atfit Hasan Bey

Harit Baynal-Afran

Mosque of al-Ghamri

House of Mahmud Sudan

Zuqa

Bab al-Qantara

Sabil–Kuttab of Sulayman Gawish

167

House of Shari' al-Ghamri

House of al-Margush

'Atfit al-Mirufi

al-Khitam

'Atfit Shihab

'Atfit 'Ali al-Zibaqi

Amir al-Guyush

Harit Madrasa of Amir al-Guyush

Façade and Portal of the Wikala and Sabil–Kuttab in 'Atfit al-Zababqi

Zawiya of Fatima Umm Khawand

58

Hammam of al-Malatyali

592

Zuqaq Wandara

Mausoleum of al-Sha'rani

59

'Atfit al-Gam'iya

al-Sha'rani al-Guwwani

Harit Birgwan

Birgwan

Mosque of Abu Bakr Muzhir

49

al-Sha'rani al-Barrani

Zawiya of Sidi Muhammad al-Sha'rani

Zuqaq al-Qantara

Madrasa of al-Sanayi'

Madrasa of al-Sha'rani al-Sanayi'

al-Sha'rani

Ribat of the Wife of Sultan Inal

61

al-Qadi

Ha

idi Din

al-Sha'rani al-Guwwani

Qa'a of al-Sha'rani

63

60 Mosque–Madrasa of Qadi 'Abd al-Basit

Madrasa of al-Sanayi'

House of Banush Bey

Harit al-Murshidi al-Zimam

Mamar Dakhili

Extension of Bur

Qadi al-Buhar

0   50   100 m

Shari' Bur Sa'id

Shari' al-Gaysh

ma

ns

Guhari

Dakhili

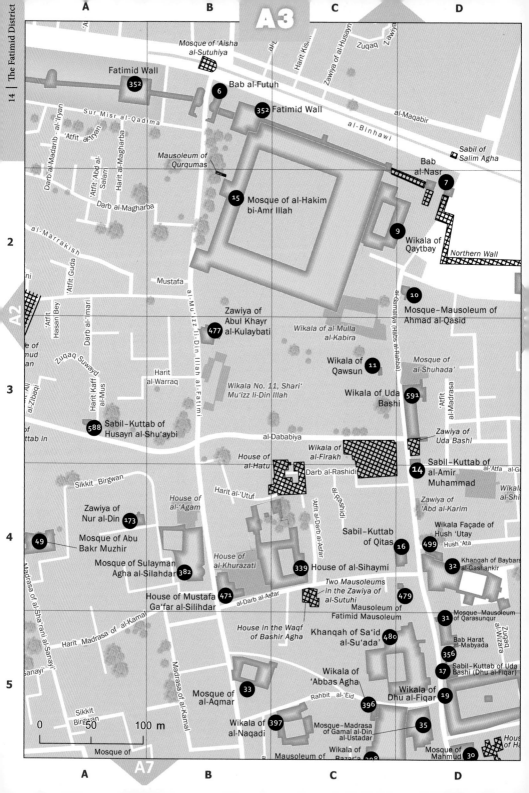

A3

Mosque of ʿAisha al-Sutuhiya

Fatimid Wall
352

6 Bab al-Futuh

352 Fatimid Wall

al-Maqabir

Sur Misr al-Qadima

ʿAtfit al-Iryan

Darb al-Madarib al-Iryan

ʿAtfit ʿAbd al-Salam

Harit al-Magharba

al-Binhawi

Sabil of Salim Agha

Mausoleum of Qurqumas

Bab al-Nasr

7

Darb al-Magharba

15 Mosque of al-Hakim bi-Amr Illah

9 Wikala of Qaytbay

al-Marrakish

Northern Wall

ʿAtfit Guda

ʿAtfit Hasan Bey

ʿAtfit Guda

Darb al-ʿImari

Mustafa

10 Mosque–Mausoleum of Ahmad al-Qasid

al-Muʿizz li-Din Illah al-Fatimi

Zawiya of Abul Khayr al-Kulaybati
477

Wikala of al-Mulla al-Kabira

Mosque of al-Shuhadaʾ

Zuqaq Suwayd

Harit al-Warraq

Harit Kaff al-Mus

Wikala of Qawsun
11

ʿAtfit al-Madrasa

Wikala No. 11, Shariʿ Muʿizz li-Din Illah

Wikala of Uda Bashi
591

Sabil–Kuttab of Husayn al-Shuʿaybi
588

al-Dababiya

Zawiya of Uda Bashi

Wikala of al-Firakh

Sabil–Kuttab of al-Amir Muhammad
14

al-ʿAtfa

al-G

House of al-Hatu

Darb al-Rashidi

Wikala al-Shi

Sikkit Birgwan

House of al-ʿAgam

Harit al-ʿUtuf

al-Rashidi

Zawiya of ʿAbd al-Karim

Wikala Façade of Hush ʿUtay

Zawiya of Nur al-Din
173

ʿAtfit al-Darb al-Asfar

Sabil–Kuttab of Qitas

16

Hush ʿAta

499

49

Mosque of Abu Bakr Muzhir

House of al-Khurazati

339 House of al-Sihaymi

32 Khangah of Baybars al-Gashankir

Mosque of Sulayman Agha al-Silahdar
382

Two Mausoleums in the Zawiya of al-Sutuhi

479

House of Mustafa Gaʿfar al-Silihdar
471

al-Darb al-Asfar

Mausoleum of Fatimid Mausoleum

Mosque–Mausoleum of Qarasunqur
31

Madrasa of al-Shaʿrani al-Sanayi

House in the Waqf of Bashir Agha

Khangah of Saʿid al-Suʿadaʾ
480

Bab Harat al-Mabyada

Zuqaq al-Wizara

Harit Madrasa al-Kamal

Madrasa of al-Kamal

Mosque of al-Aqmar
33

Wikala of ʿAbbas Agha

Rahbit al-ʿEid

356

17 Sabil–Kuttab of Uda Bashi (Dhu al-Fiqar)

19

Sanayi

Sikkit Birgwan

396 Wikala of Dhu al-Fiqar

0   50   100 m

Wikala of al-Naqadi
397

Mosque–Madrasa of Gamal al-Din al-Ustadar

35

Mosque of Mahmud
30

Hous of Ha

Mosque of

A7

Mausoleum of Bazarʿa

Wikala of

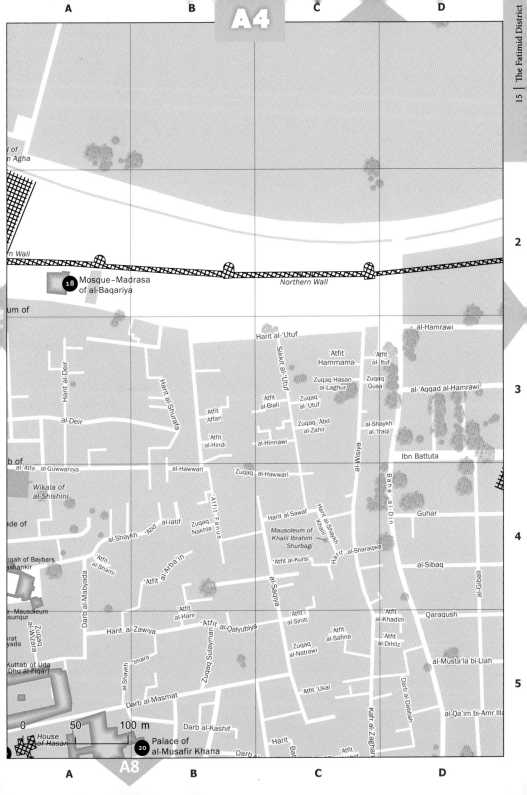

A4

A B C D

2

3

4

5

18 Mosque–Madrasa
of al-Baqariya

Northern Wall

l of
n Agha

n Wall

um of

Harit al-'Utuf

Sikkit al-'Utuf

al-Hamrawi

'Atfit
Hammama

'Atfit
al-Ituf

Zuqaq Hasan
al-Laghur

Zuqaq
Gusa

al-'Aqqad al-Hamrawi

Harit al-Deir

Harit al-Shurafa

'Atfit
al-Biali

Zuqaq
al-'Utuf

'Atfit
'Affan

Zuqaq 'Abd
al-Zahir

al-Shaykh
al-'Iraqi

al-Deir

'Atfit
al-Hindi

al-Hinnawi

Ibn Battuta

b of
al-'Atfa

al-Guwwaniya

al-Hawwari

Zuqaq

al-Hawwari

Baha' al-Din

Guhar

Wikala of
al-Shishini

al-Shaykh

'Abd al-latif

Zuqaq
Nakhla

'Atfit Farus

Harit al-Sawaf

Harit al-Shaykh Khalil

Harit al-Sharaqwa

ade of

Mausoleum of
Khalil Ibrahim
Shurbagi

al-Sibaq

ngah of Baybars
ashankir

'Atfit
al-Shami

'Atfit al-Arba'in

'Atfit al-Kursi

al-Gibali

e–Mausoleum
sunqur

'Atfit

al-Saqiya

Qaraqush

rat
yada

Zuqaq
al-Wizara

Darb al-Mabyada

'Atfit
al-Harir

Harit al-Zawiya

'Atfit al-Qalyubiya

'Atfit
al-Siniti

'Atfit
al-Safina

'Atfit
al-Khadim

'Atfit
al-Dihliz

Kuttab of Uda
(Dhu al-Fiqar)

al-Shaykh

'Imara

Zuqaq Sulayman

Zuqaq
al-Natrawi

al-Musta'la bi-Llah

Darb al-Masmat

Darb al-Dabbah

Kafr al-Zaghari

Darb al-Kashif

Harit

'Atfit 'Ukal

al-Qa'im bi-Amr Illa

0 50 100 m

*House
of Hasan*

20 Palace of
al-Musafir Khana

A8

Darb al-

'Atfit

A B C D

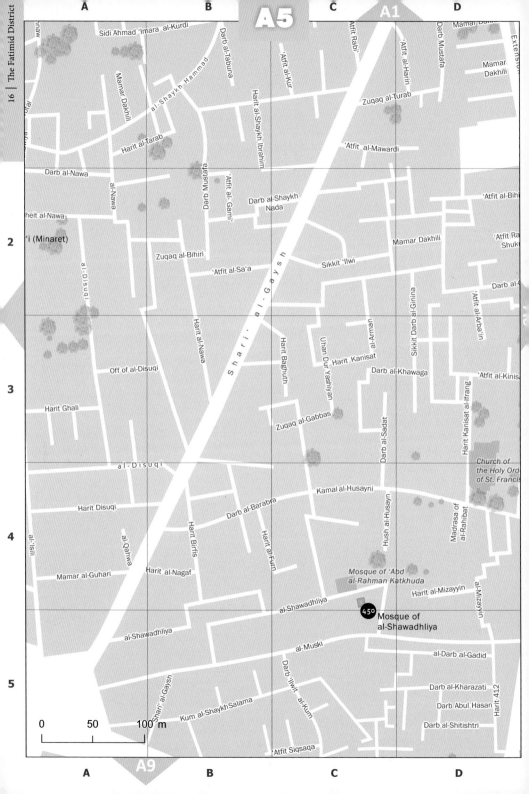

A5

A1

A9

Sidi Ahmad 'Imara al-Kurdi

Darb al-Tabuna

Mamar Dakhili

al-Shaykh Hammad

Harit al-Tarab

Harit al-Shaykh Ibrahim

Darb Mustafa

Mamar Dakhili

Mamar Dakhili

Extension

'Atfit Rabi'

'Atfit al-Kur

'Atfit al-Hari

Zuqaq al-Turab

'Atfit al-Mawardi

Darb al-Nawa

al-Nawa

Darb Mustafa

'Atfit al-Gami'

Darb al-Shaykh Nada

'Atfit al-Bihi

heit al-Nawa

'i (Minaret)

Zuqaq al-Bihiri

'Atfit al-Sa'a

Mamar Dakhili

Sikkit 'Ilwi

'Atfit Ra
Shuk

al-Disuqi

Darb al-

Harit al-Nawa

Shari' al-Gaysh

Harit Baghuth

Uhan Dur Yashiyan

Harit Kanisat

al-Arman

Sikkit Darb al-Ginina

'Atfit al-Arba'in

'Atfit al-Kinisa

Off of al-Disuqi

Harit Ghali

Darb al-Khawaga

Harit Kanisat al-Ifrang

al-Disuqi

Zuqaq al-Gabbas

Darb al-Sadat

Church of
the Holy Ord
of St. Francis

Harit Disuqi

Darb al-Barabra

Kamal al-Husayni

Madrasa of
al-Rahibat

al-Isili

al-Qatwa

Harit Birfis

Harit al-Fun

Hush al-Husayn

Mamar al-Guhari

Harit al-Nagaf

Mosque of 'Abd
al-Rahman Katkhuda

Harit al-Mizayyin

al-Mizayyin

al-Shawadhliya

450 Mosque of
al-Shawadhliya

al-Shawadhliya

al-Muski

al-Darb al-Gadid

Shari' al-Gaysh

Darb 'Ilwit al-Kum

Darb al-Kharazati

Harit 412

Kum al-ShaykhSalama

Darb Abul Hasan

Darb al-Shitishtri

'Atfit Siqsaqa

0   50   100 m

A   B   C   D

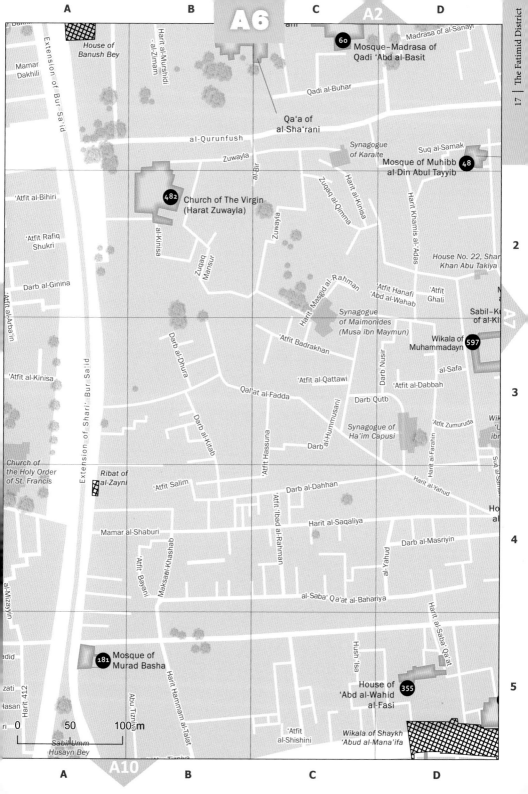

A6

A2

A

B

C

D

House of
Banush Bey

Mamar
Dakhili

Extension of Bur Sa'id

Harit al-Murshidi
- al-Zimam

60

Mosque–Madrasa of
Qadi 'Abd al-Basit

Madrasa of al-Sanayi

Qadi al-Buhar

Qa'a of
al-Sha'rani

al-Qurunfush

Zuwayla

al-Bir

Synagogue
of Karaite

Suq al-Samak

Mosque of Muhibb
al-Din Abul Tayyib

48

'Atfit al-Bihiri

482

Church of The Virgin
(Harat Zuwayla)

Zuqaq al-Qimma

Harit al-Kinisa

Harit Khamis al-'Adas

'Atfit Rafiq
Shukri

al-Kinisa

Zuwayla

House No. 22, Shar
Khan Abu Takiya

2

Darb al-Ginina

Zuqaq
Mansur

Harit Masgid al-Rahman

'Atfit Hanafi
'Abd al-Wahab

'Atfit
Ghali

N
a

'Atfit al-Arba'in

Sabil–Ku
of al-Ki

Synagogue
of Maimonides
(Musa ibn Maymun)

Wikala of
Muhammadayn

597

'Atfit al-Kinisa

Darb al-Dhura

'Atfit Badrakhan

Darb Nusir

al-Safa

'Atfit al-Dabbah

3

'Atfit al-Qattawi

Darb Qutb

'Atfit Zumuruda

Wik
'L
ibr

Qal'at al-Fadda

al-Hummusani

Synagogue of
Ha'im Capusi

Harit al-Farahin

Suq al-Samo

Church of
the Holy Order
of St. Francis

Ribat of
al-Zayni

'Atfit Salim

Darb al-Kitab

'Atfit Hassuna

Darb

Darb al-Dahhan

Harit al-Yahud

Ho
al

'Atfit al-Mizayin

Mamar al-Shaburi

'Atfit Bayani

Maksaal-Khashab

'Atfit 'Ibad al-Rahman

Harit al-Saqaliya

Darb al-Masriyin

4

Harit 412

al-Yahud

al-Saba'

Qa'at al-Bahariya

Harit al-Saba' Qa'at

181

Mosque of
Murad Basha

Harit Hammam al-Talat

Hush 'Isa

House of
'Abd al-Wahid
al-Fasi

355

5

zati

Hasan

ri

Abu Tizniya

'Atfit
al-Shishini

Wikala of Shaykh
'Abud al-Mana'ifa

0   50   100m

Sabil Umm
Husayn Bey

A10

A   B   C   D

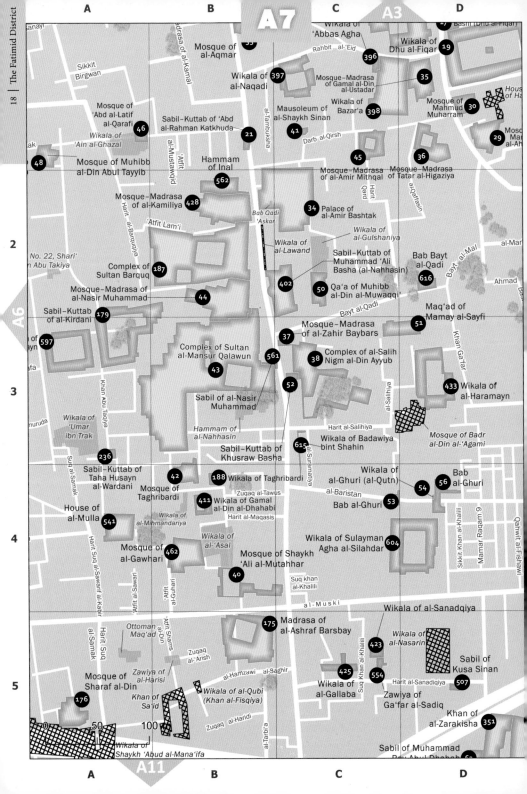

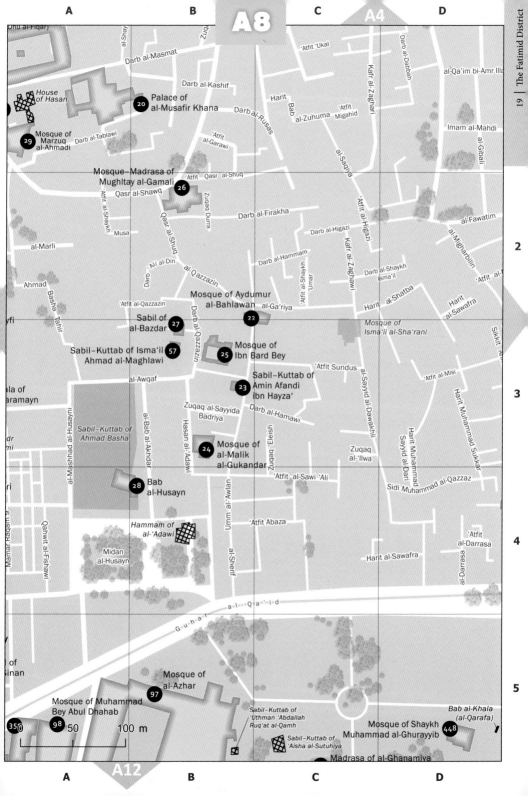

A8

A4

Dhu al-Fiqar)

al-Shay

Darb al-Masmat

Darb al-Kashif

Zuqaq

'Atfit 'Ukal

Darb al-Dabbah

al-Qa'im bi-Amr Illa

House of Hasan

20 Palace of al-Musafir Khana

Darb al-Rusas

Harit

Bab al-Zuhuma

'Atfit Migahid

Kafr al-Zaghari

Imam al-Mahdi

al-Gibali

29 Mosque of Marzuq al-Ahmadi

Darb al-Tablawi

'Atfit al-Garawi

Qasr al-Shuq

al-Saqiya

Mosque–Madrasa of Mughltay al-Gamali

'Atfit al-Shuq

26

Qasr-Shawq

Zuqaq Durra

Darb al-Firakha

'Atfit al-Fawatim

al-Marli

'Atfit al-Shaykh

Musa

Qasr al-Shuq

'Ali al-Din

al-Qazzazin

Darb al-Hammam

Darb al-Higazi

Kafr al-Zaghawi

Darb al-Shaykh Isma'il

al-Mighrabilin

'Atfit al-

2

Ahmad

Basha Tahir

'Atfit al-Qazzazin

Mosque of Aydumur al-Bahlawan

al-Ga'riya

'Atfit al-Shaykh 'Umar

Harit al-Shatba

Harit al-Sawafra

yfi

27 Sabil of al-Bazdar

Darb al-Qazzazin

22

Mosque of Isma'il al-Sha'rani

Sikkit Am

la of aramayn

Sabil–Kuttab of Isma'il Ahmad al-Maghlawi **57**

25 Mosque of Ibn Bard Bey

'Atfit Sundus

'Atfit al-Misi

3

al-Awqaf

23 Sabil–Kuttab of Amin Afandi ibn Hayza'

al-Sayyid al-Dawakhli

Harit Muhammad Sayyid al-Dari

Harit Muhammad Sukkar

dr mi

al-Mashhad al-Husayni

al-Bab al-Akhdar

Zuqaq al-Sayyida Badriya

Darb al-Hamawi

ri

Sabil–Kuttab of Ahmad Basha

Hasan al-'Adawi

24 Mosque of al-Malik al-Gukandar

Zuqaq 'Eleish

Zuqaq al-'Ilwa

Sidi Muhammad al-Qazzaz

Mamar Raqam

Qariwit al-Fishawi

28 Bab al-Husayn

'Atfit al-Sawi 'Ali

4

Hammam of al-'Adawi

Umm al-'Awlan

'Atfit Abaza

'Atfit al-Darrasa

Midan al-Husayn

al-Sherif

Harit al-Sawafra

al-Darrasa

al--Qa--'i--d

G u h a r

5

of sinan

Mosque of al-Azhar

97

Bab al-Khala (al-Qarafa)

Mosque of Muhammad Bey Abul Dhahab

98

35

Sabil–Kuttab of 'Uthman 'Abdallah Ruq'at al-Qamh

Mosque of Shaykh Muhammad al-Ghurayyib **448**

50   100 m

Sabil–Kuttab of 'Aisha al-Sutuhiya

Madrasa of al-Ghanamiya

A12

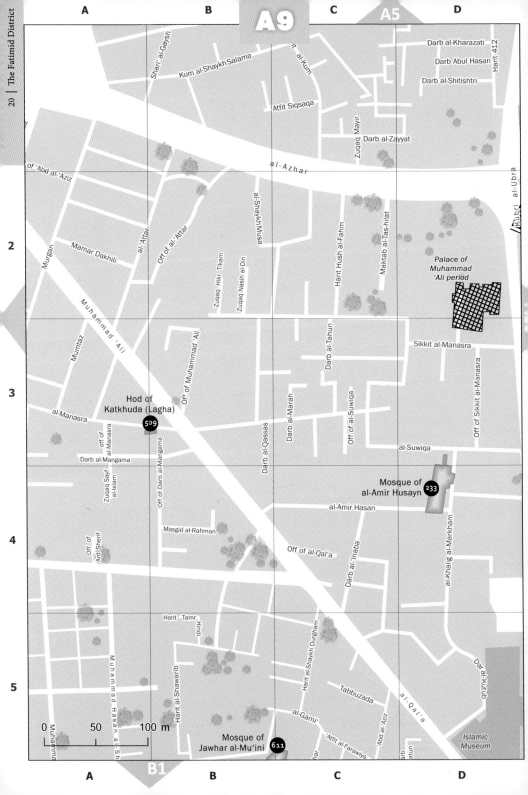

A9
A5

Darb al-Kharazati
Harit 412
Darb Abul Hasan
Darb al-Shitishtri

Shari' al-Gaysh
Kum al-ShaykhSalama
It. al-Kum
Atfit Siqsaqa
Zuqaq Mayir
Darb al-Zayyat

al-Azhar

of 'Abd al-'Aziz

al-'Attar
Off of al-'Attar
al-ShaykhMusa
Harit Hush al-Fahm
Maktab al-Tas-hilat

Kubri al-Ubra

Murgan
Mamar Dakhili

2

Zuqaq Hikri Tikam
Zuqaq Nasih al-Din

*Palace of
Muhammad
'Ali period*

Mumtaz

Muhammad 'Ali
Off of Muhammad 'Ali
Darb al-Tahun
Sikkit al-Manasra

al-Manasra

Off of Sikkit al-Manasra

3

Hod of
Katkhuda (Lagha)
509

off of
al-Manasra
Darb al-Mangama
Off of Darb al-Mangama
Darb al-Marah
Off of al-Suwiqa
al-Suwiqa

Zuqaq Sayf
al-Islam
Darb al-Qassas

Mosque of
al-Amir Husayn
233

al-Amir Hasan

Off of
'Ard al'Sherif
Masgid al-Rahman
Off of al-Qal'a
Darb al-'Inaba

al-Khalig al-Markham

4

Harit Tamr
Hindi
Harit al-Shawarib
Harit al-Shaykh Durgham
Tabbuzada

Dar al-Kutub

5

Muhammad Hasan al-Sh
al-Gami'
'Atfit al-Farawiya
'Abd al-'Aziz

al-Qal'a

Islamic
Museum

0   50   100 m

Muhamma

B1

Mosque of
Jawhar al-Mu'ini
611

A   B   C   D

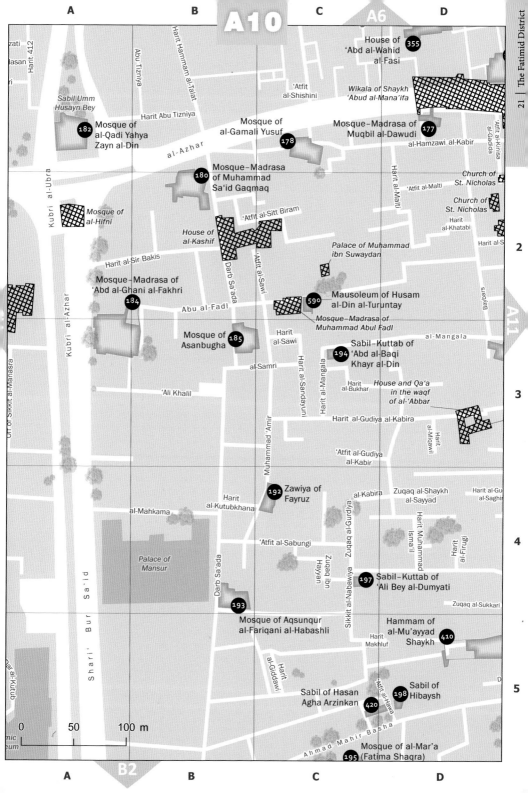

A10

A6

House of 'Abd al-Wahid al-Fasi **355**

Wikala of Shaykh 'Abud al-Mana'ifa

Sabil Umm Husayn Bey

Mosque of al-Qadi Yahya Zayn al-Din **182**

Mosque of al-Gamali Yusuf **178**

Mosque–Madrasa of Muqbil al-Dawudi **177**

al-Hamzawi al-Kabir

'Atfit al-Shishini

Church of St. Nicholas

Mosque–Madrasa of Muhammad Sa'id Gaqmaq **180**

Mosque of al-Hifni

Church of St. Nicholas

Harit al-Khatabi

'Atfit al-Sitt Biram

House of al-Kashif

Palace of Muhammad ibn Suwaydan

Harit al-Sir Bakis

Mosque–Madrasa of 'Abd-al-Ghani al-Fakhri **184**

Abu al-Fadl

Mausoleum of Husam al-Din al-Turuntay **59°**

Mosque–Madrasa of Muhammad Abul Fadl

Mosque of Asanbugha **185**

Harit al-Sawi

al-Samri

Sabil–Kuttab of 'Abd al-Baqi Khayr al-Din **194**

al-Mangala

'Ali Khalil

Harit al-Bukhar

House and Qa'a in the waqf of al-'Abbar

Harit al-Gudiya al-Kabira

'Atfit al-Gudiya al-Kabir

Zawiya of Fayruz **192**

al-Kabira

Zuqaq al-Shaykh al-Sayyad

al-Mahkama

Harit al-Kutubkhana

'Atfit al-Sabungi

Palace of Mansur

Sabil–Kuttab of 'Ali Bey al-Dumyati **197**

Zuqaq al-Sukkari

193

Mosque of Aqsunqur al-Fariqani al-Habashli

Hammam of al-Mu'ayyad Shaykh **410**

Harit Makhluf

Sabil of Hasan Agha Arzinkan **420**

Sabil of Hibaysh **198**

Mosque of al-Mar'a (Fatima Shaqra) **195**

Ahmad Mahir Basha

0   50   100 m

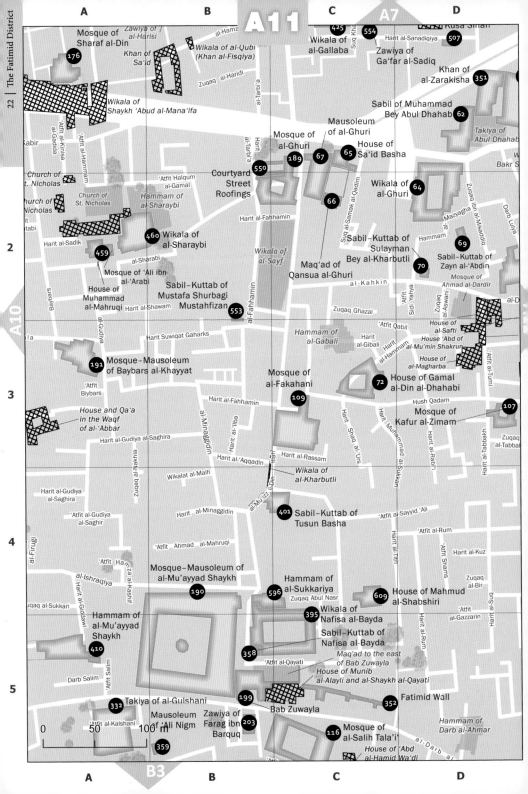

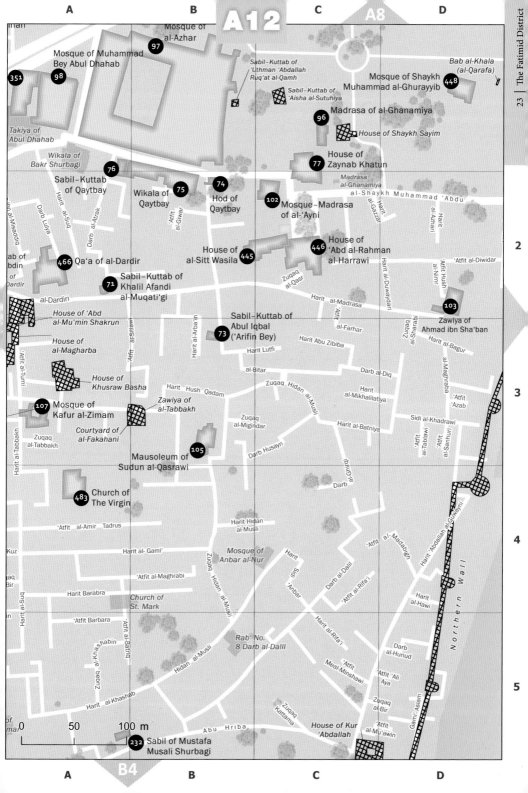

A12

A8

Mosque of al-Azhar

97

Mosque of Muhammad Bey Abul Dhahab

98

351

Takiya of Abul Dhahab

Wikala of Bakr Shurbagi

Sabil–Kuttab of 'Uthman 'Abdallah Ruq'at al-Qamh

Sabil–Kuttab of 'Aisha al-Sutuhiya

Bab al-Khala (al-Qarafa)

Mosque of Shaykh Muhammad al-Ghurayyib

448

Madrasa of al-Ghanamiya

96

House of Shaykh Sayim

House of Zaynab Khatun

77

76

Sabil–Kuttab of Qaytbay

Wikala of Qaytbay

75

Hod of Qaytbay

74

Madrasa al-Ghanamiya

al-Shaykh Muhammad 'Abdu

102

Mosque–Madrasa of al-'Ayni

House of al-Sitt Wasila

445

House of 'Abd al-Rahman al-Harrawi

446

466 Qa'a of al-Dardir

Zuqaq al-Qasr

71 Sabil–Kuttab of Khalil Afandi al-Muqati'gi

al-Dardiri

Harit al-Madrasa

103

Zawiya of Ahmad ibn Sha'ban

House of 'Abd al-Mu'min Shakrun

House of al-Magharba

Sabil–Kuttab of Abul Iqbal ('Arifin Bey)

73

Harit Abu Zibiba

Darb al-Diq

House of Khusraw Basha

al-Bitar

Harit al-Mikhalilatiya

Harit Lutfi

Zawiya of al-Tabbakh

107 Mosque of Kafur al-Zimam

Zuqaq al-Tabbakh

Courtyard of al-Fakahani

Harit Hush Qadam

Zuqaq al-Migindar

Zuqaq Hidan al-Musli

Harit al-Batniya

Mausoleum of Sudun al-Qasrawi

105

Darb Husayn

483 Church of The Virgin

'Atfit al-Amir Tadrus

Harit al-Gami'

Harit Hidan al-Musli

Mosque of Anbar al-Nur

'Atfit al-Maghrabi

Church of St. Mark

Harit Barabra

'Atfit Barbara

Rab' No. 8 Darb al-Dalil

Darb al-Dalil

'Atfit al-Rifa'i

Harit al-Rifa'i

Darb al-Hunud

House of Kur 'Abdallah

Northern Wall

0   50   100 m

232 Sabil of Mustafa Musali Shurbagi

B Bab al-Wazir & Suq al-Silah

This area extends south from Bab Zuwayla, outside the Fatimid walls, and splits into two main streets: Bab al-Wazir and al-Khayamiya (the Street of the Tentmakers). Bab al-Wazir is also known as al-Darb al-Ahmar. This area was developed over multiple centuries, but most of its monuments date back to the fourteenth century. It is a good representation of both the Mamluk period (Bahri and Burgi) and the Ottoman Empire. This area has witnessed significant monument restoration efforts since early 2000.

1 Bab Zuwayla and al-Salih al-Tala'i Mosque

2 Shari' Bab al-Wazir (al-Darb al-Ahmar)

3 al-Razzaz House & the Blue Mosque area

4 al-Khayamyia (the Street of the Tentmakers)

5 Shari' Suq al-Silah

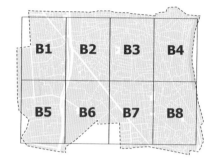

| B1 | B2 | B3 | B4 |
| B5 | B6 | B7 | B8 |

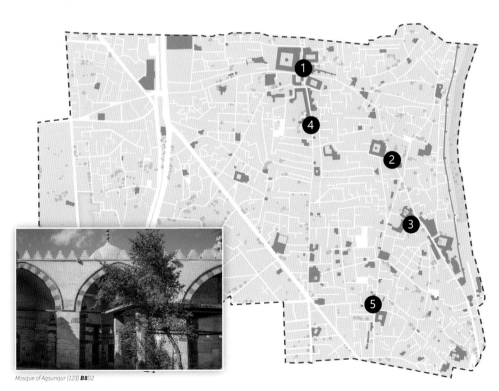

Mosque of Aqsunqur (123) **B8**D2

sque of Aytmish al-Bagasi (250) **B8**D4 **C2**A2

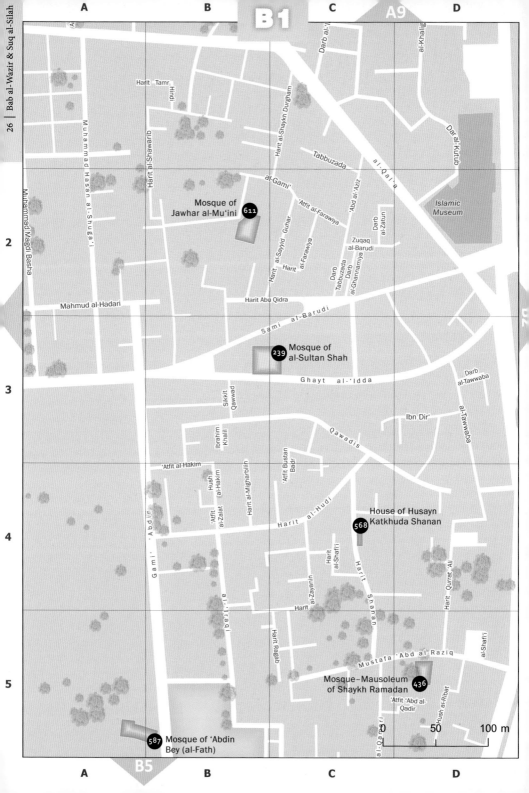

A   B   **B1**   C   **A9**   D

Darb al-'I

al-Khaliq

Harit Tamr

Hudi

Harit al-Shawarib

Muhammad Hasan al-Shuga'i

Muhammad Magdi Basha

Harit al-Shaykh Durgham

Tabbuzada

al-Qal'a

Dar al-Kutub

Islamic Museum

al-Gami'

Mosque of Jawhar al-Mu'ini **611**

'Atfit al-Farawiya

'Abd al-'Aziz

Harit al-Sayyid Guhar

Harit al-Farawiya

Darb al-Zatun

Zuqaq al-Barudi

Darb Tabbuzada

Darb al-Ghanamiya

Mahmud al-Hadari

Harit Abu Qidra

2

Sami al-Barudi

Mosque of al-Sultan Shah **239**

Ghayt al-'Idda

Darb al-Tawwaba

3

Sikkit Qawwad

Ibrahim Khalil

Qawadis

Ibn Dir'

al-Tawwaba

'Atfit al-Hakim

Hush al-Hakim

Harit al-Migharbilin

'Atfit Bustan Badr

Gami' 'Abdin

'Atfit al-Zalat

House of Husayn Katkhuda Shanan **568**

Harit al-Hudi

Harit al-Shafi'i

Harit Shanan

Harit Qurrat 'Ali

4

al-Jibali

Harit al-Zayanin

Harit

Harit Ragab

Mustafa 'Abd al-Raziq

al-Shafi'i

5

Mosque–Mausoleum of Shaykh Ramadan **436**

'Atfit 'Abd al-Qadir

Hush al-Ribat

al-Qadiri

Mosque of 'Abdin Bey (al-Fath) **587**

B5

0   50   100 m

A   B   C   D

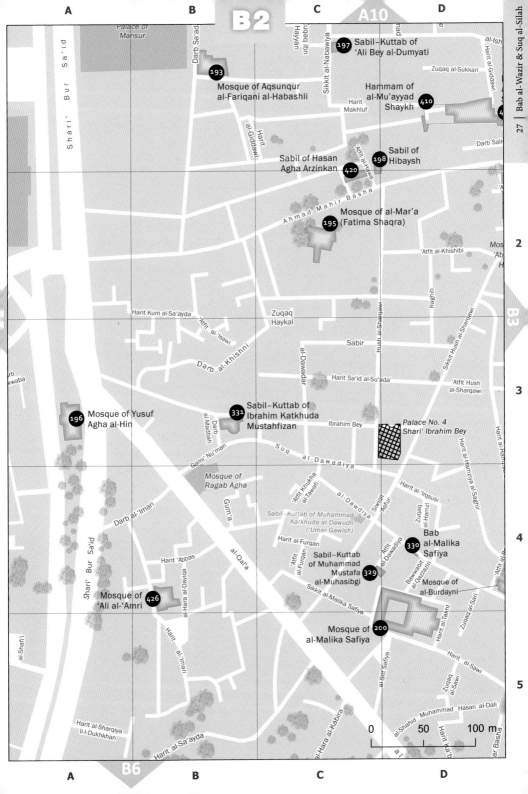

A   B   **B2**   C   A10   D

197 Sabil–Kuttab of 'Ali Bey al-Dumyati

Palace of Mansur

Darb Sa'ad

193 Mosque of Aqsunqur al-Fariqani al-Habashli

Sikkit al-Nabawiya

Zuqaq ibn Hayyan

al-Ish

Zuqaq al-Sukkari

Harit al-Giddawi

Hammam of al-Mu'ayyad Shaykh **410**

4

Harit Makhluf

Darb Sali

27

Sabil of Hasan Agha Arzinkan **420** 'Atfit al-Hawa **198** Sabil of Hibaysh

Shari' Bur Sa'id

Harit al-Giddawi

Harit

Ahmad Mahir Basha

Mosque of al-Mar'a (Fatima Shaqra) **195**

'Atfit al-Khishibi

Mos 'Ab H

2

Harit Kum al-Sa'ayda

'Atfit al-'Isawi

Darb al-Khishni

Zuqaq Haykal

Sabir

Hush al-Sharqawi

Raghib

B3

Sikkit Hush al-Sharqawi

Harit Sa'id al-Su'ada

al-Dawadar

'Atfit Hush al-Sharqawi

3

Mosque of Yusuf Agha al-Hin **196**

Sabil–Kuttab of Ibrahim Katkhuda Mustahfizan **331**

Darb al-Madban

Darb al-Madban

Ibrahim Bey

Palace No. 4 Shari' Ibrahim Bey

Harit al-H

Gami' Nu'man

Suq al-Dawadiya

Harit al-Hamziya al-Saghir

Mosque of Ragab Agha

'Atfit Khukha al-Tawati

al-Dawdiya

Harit al-'Irqsusi

Zuqaq al-Hamzi

Mosque of 'Ali al-'Amri **426**

Darb al-'Imari

Gum'a

al-Qal'a

al-Hara al-Dayiqa

Harit 'Abbas

Harit al-Furqan

Sabil–Kuttab of Muhammad Katkhuda al-Dawudli ('Umar Gawish)

Siwiqit Astur

Bawwabit al-Qazzazin

330 Bab al-Malika Safiya

Mosque of al-Burdayni

'Atfit al-Furqan

Sabil–Kuttab of Muhammad Mustafa al-Muhasibgi **329**

Sikkit al-Malika Safiye

'Atfit al-Dawadiya

Harit al-Sari

4

Shari' Bur Sa'id

al-Shafi'i

Harit al-'Imari

Harit al-Sharqiya li-l-Dukhkhan

Harit al-Sa'ayda

al-Hara al-Kabira

al-Hara al-Kabira

Mosque of al-Malika Safiya **200**

al-Sitt Safiya

al-Shahid

Muhammad Hasan al-Dali

Harit al-Takht

Zuqaq al-Sawi

Harit al-Sawi

Zuqaq al-Sawi

Basha

5

0   50   100 m

A   **B6**   B   C   D

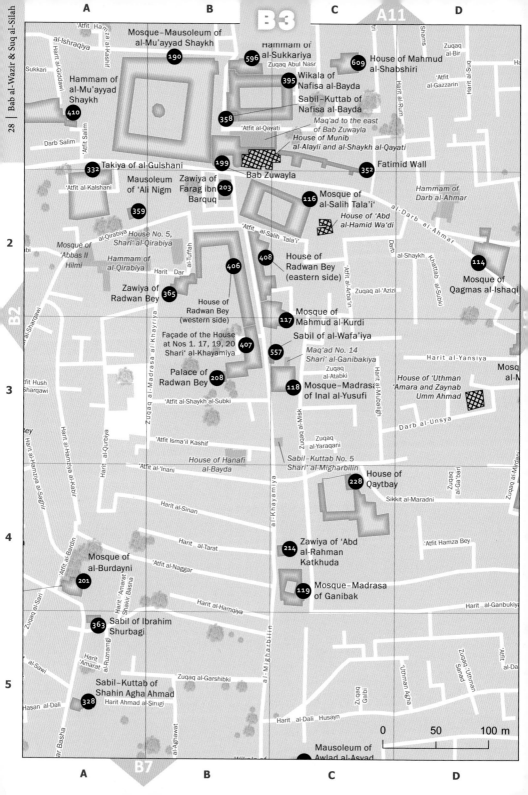

B3

A11

B2

B7

'Atfit Hamza al-Kashif
al-Ishraqiya
'Atfit Hamza al-Kashif
Harit al-Giddawi
Sukkari

190 Mosque–Mausoleum of al-Mu'ayyad Shaykh

Hammam of al-Sukkariya **596**

Zuqaq Abul Nasr

House of Mahmud al-Shabshiri **609**

Zuqaq al-Bir
'Atfit al-Gazzarin
Harit al-Rum
Shams

Hammam of al-Mu'ayyad Shaykh **410**

Darb Salim

'Atfit Salim

Wikala of Nafisa al-Bayda **395**

Sabil–Kuttab of Nafisa al-Bayda **358**

'Atfit al-Qayati

Maq'ad to the east of Bab Zuwayla
House of Munib al-Alayli and al-Shaykh al-Qayati

Takiya of al-Gulshani **332**

199 Bab Zuwayla

Fatimid Wall **352**

Hammam of al-Darb al-Ahmar
al-Darb al-Ahmar

Mausoleum of 'Ali Nigm

Zawiya of Farag ibn Barquq **203**

Mosque of al-Salih Tala'i' **116**

House of 'Abd al-Hamid Wa'di

al-Shaykh
Khattab al-Subki
Darb

Mosque of Qagmas al-Ishaqi **114**

'Atfit al-Kalshani

359

2

al-Qirabiya
Mosque of 'Abbas II Hilmi
House No. 5, Shari' al-Qirabiya
Hammam of al-Qirabiya
Harit Dar

al-Tuffah

406

408

'Atfit al-Salih Tala'i'

House of Radwan Bey (eastern side)

al-Arba'in

Zuqaq al-'Azizi

Zawiya of Radwan Bey **365**

House of Radwan Bey (western side)

Mosque of Mahmud al-Kurdi **117**

Sabil of al-Wafa'iya

al-Shaykh
Harit al-Yansiya

Mosque al-M

al-Khayamiya
Zuqaq al-Madrasa al-Khayriya
Harit al-Shar

Façade of the House at Nos 1. 17, 19, 20 Shari' al-Khayamiya **407**

557

Maq'ad No. 14 Shari' al-Ganibakiya

Zuqaq al-Atabki

House of 'Uthman 'Amara and Zaynab Umm Ahmad

3

'fit Hush
Sharqawi
Harit al-Shargawi

Palace of Radwan Bey **208**

'Atfit al-Shaykh al-Subki

Mosque–Madrasa of Inal al-Yusufi **118**

Harit al-Mubaligh
Zuqaq al-Misk

Zuqaq al-Yaraqani

Darb al-Unsya

Harit al-Mirqani

Zuqaq al-Ga'bari

Bey
Harit al-Hamzia al-Kabir
Harit al-Qurbiya

'Atfit Isma'il Kashif

House of Hanafi al-Bayda

Sabil–Kuttab No. 5 Shari' al-Migharbilin

Harit al-Hamzia al-Saghir
'Atfit al-'Inani

House of Qaytbay **228**

Sikkit al-Maradni

4

'Atfit al-Bardin
al-Sawi
Zuqaq al-Sari

Harit al-Sinan

Harit al-Tarat

'Atfit al-Naggar

Mosque of al-Burdayni **201**

Harit 'Amarat Shakir Basha

Harit al-Hamqiya

Zawiya of 'Abd al-Rahman Katkhuda **214**

'Atfit Hamza Bey

Harit al-Ganbukiya
al-Khayamiya
al-Migharbilin

Mosque–Madrasa of Ganibak **119**

Sabil of Ibrahim Shurbagi **363**

Harit 'Amarat al-Ruznamgi

Zuqaq al-Garshibki

'Uthman Agha
Zuqaq Gelbi

Harit al-Ganbukiya
Zuqaq 'Uthman Sanad
'Atfit al-Da

5

Hasan al-Dali
ar Basha

Sabil–Kuttab of Shahin Agha Ahmad **328**

Harit Ahmad al-Sirugi

'Atfit al-Aghawat

Harit al-Dali Husayn

Zuqaq Gelbi

0   50   100 m

Wikala of

Mausoleum of Awlad al-Asyad

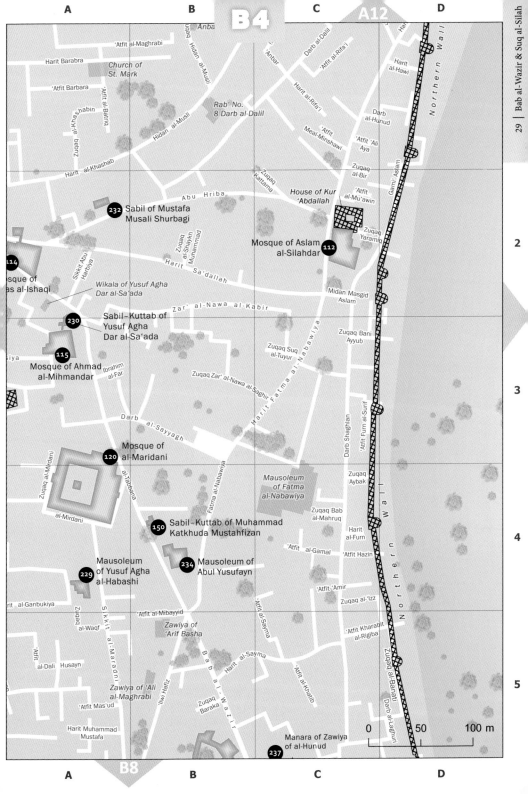

A12

B4

B8

A   B   C   D

Anba

'Atfit al-Maghrabi

Harit Barabra

Church of St. Mark

'Atfit Barbara

Iqaq Hidan al-Musli

'Atfit al-Batriq

Zuqaq al-khashabin

Harit al-Khashab

Hidan al-Musli

Rab' No. 8 Darb al-Dalil

Antbar

Darb al-Dalil

'Atfit al-Rifa'i

Harit al-Rifa'i

Meal-Minshawi

'Atfit Minshawi

Harit al-Hawi

Darb al-Hunud

'Atfit 'Ali Aya

Gami' Aslam

Northern Wall

232 Sabil of Mustafa Musali Shurbagi

Abu Hriba

Zuqaq al-Shaykh Muhammad

Harit Sa'dallah

Zuqaq Kattama

House of Kur 'Abdallah

Zuqaq Yaramig

Zuqaq al-Bir

'Atfit al-Mu'awin

112 Mosque of Aslam al-Silahdar

114

Mosque of ...s al-Ishaqi

Sikkit Abu Harbiya

Wikala of Yusuf Agha Dar al-Sa'ada

Zar' al-Nawa al-Kabir

Midan Masgid Aslam

Zuqaq Bani Ayyub

230 Sabil–Kuttab of Yusuf Agha Dar al-Sa'ada

...siya

115 Mosque of Ahmad al-Mihmandar

Ibrahim al-Far

Zuqaq Zar' al-Nawa al-Saghir

Zuqaq Suq al-Tuyur

Harit Fatma al-Nabawiya

'Atfit Furn al-Surtf

Darb Shaghlan

Darb al-Sayyagh

120 Mosque of al-Maridani

Zuqaq al-Mirdani

al-Tabbana

al-Mirdani

Fatma al-Nabawiya

Mausoleum of Fatma al-Nabawiya

Zuqaq Aybak

Northern Wall

150 Sabil–Kuttab of Muhammad Katkhuda Mustahfizan

Zuqaq Bab al-Mahruq

Harit al-Furn

'Atfit al-Gamal

234 Mausoleum of Abul Yusufayn

229 Mausoleum of Yusuf Agha al-Habashi

Sikkit al-Maradni

'Atfit al-Mibayyid

'Atfit al-Sayma

'Atfit Hazin

'Atfit 'Amir

Zuqaq al-'Izz

rit al-Ganbukiya

Zuqaq al-Waqf

Zawiya of 'Arif Basha

Bab al-Wazir

Harit al-Sayma

'Atfit Kharabit al-Rigiba

'Atfit al-Dali Husayn

Zawiya of 'Ali al-Maghrabi

Ilwi Hafiz

Zuqaq Baraka

'Atfit al-Khatib

Zuqaq al-Banati

Darb al-Laghun

'Atfit Mas'ud

Harit Muhammad Mustafa

Manara of Zawiya of al-Hunud

237

0   50   100 m

2   3   4   5

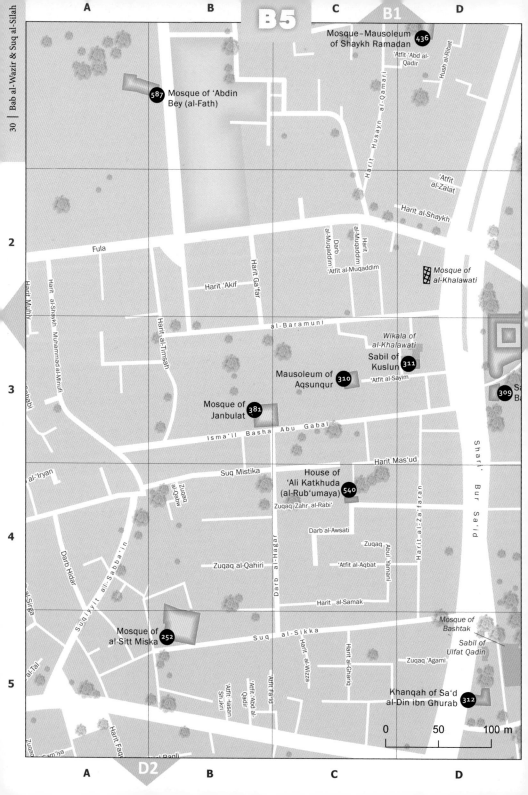

B5

B1

D2

A   B   C   D

436 Mosque–Mausoleum of Shaykh Ramadan

'Atfit 'Abd al-Qadir

Hush al-Ribat

Harit Husayn al-Qamari

587 Mosque of 'Abdin Bey (al-Fath)

'Atfit al-Zalat

Harit al-Shaykh

Fula

2

Harit al-Shaykh Muhammad al-Minufi

Harit Muhy

Harit 'Akif

Harit Ga'far

Harit al-Timsah

Darb al-Muqaddim

Harit al-Muqaddim

'Atfit al-Muqaddim

Mosque of al-Khalawati

al-Baramuni

Wikala of al-Khalawati

Sabil of Kuslun **311**

Mausoleum of Aqsunqur **310**

'Atfit al-Sayim

309 Sa... Ba...

3

al-Sahabi

Mosque of Janbulat **381**

Isma'il Basha Abu Gabal

Shari' Bur Sa'id

al-'Iryan

Suq Mistika

Harit Mas'ud

House of 'Ali Katkhuda (al-Rub'umaya) **540**

Zuqaq Zahr al-Rabi'

Harit al-Za'faran

4

Zuqaq al-Qabw

Darb al-Awsati

Zuqaq

Abul Yamani

Darb al-Hagar

Darb Hidar

Zuqaq al-Qahiri

'Atfit al-Aqbat

Suqiyyit all-Sabba'in

Harit al-Samak

al-Sirga

Mosque of al-Sitt Miska **252**

Suq al-Sikka

Mosque of Bashtak

Sabil of Ulfat Qadin

al-Tal

Harit al-Wizza

Harit al-Ghariq

Zuqaq 'Agami

5

'Atfit Farid

'Atfit Hasan Shukri

'Atfit 'Abd al-Qadir

Khanqah of Sa'd al-Din ibn Ghurab **312**

Zuqaq Sam'iya

Harit Faqi

...Ragli

0   50   100 m

A   B   C   D

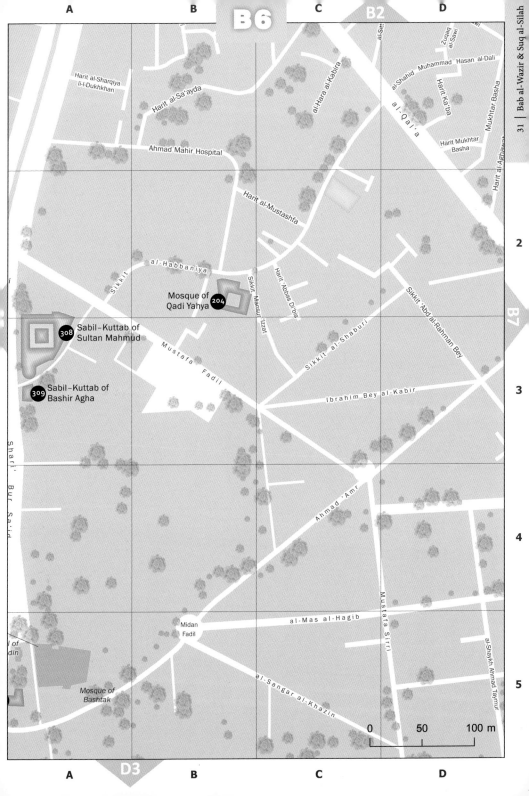

A   B   C   B2   D

al-Sitt

Zuqaq al-Sawi

Harit al-Sharqiya li-l-Dukhkhan

Harit al-Sa'ayda

al-Shahid Muhammad Hasan al-Dali

Harit Ka'ba

Mukhtar Basha

Harit al-Hara al-Kabira

al-Qal'a

Harit Mukhtar Basha

Harit al-Aghawat

Ahmad Mahir Hospital

Harit al-Mustashfa

2

al-Habbaniya

Sikkit

Sikkit Mansur 'Izzat

Harit 'Abbas Di'bis

Sikkit 'Abd al-Rahman Bey

Mosque of Qadi Yahya **204**

B7

Sabil–Kuttab of Sultan Mahmud **308**

Mustafa Fadil

Sikkit al-Shaburi

3

Sabil–Kuttab of Bashir Agha **309**

Ibrahim Bey al-Kabir

Shari' Bur Sa'id

Ahmad 'Amr

4

l of din

Mustafa Sirri

al-Mas al-Hagib

Midan Fadil

al-Shaykh Ahmad Taymur

5

Mosque of Bashtak

al-Sangar al-Khazin

0   50   100 m

A   D3   B   C   D

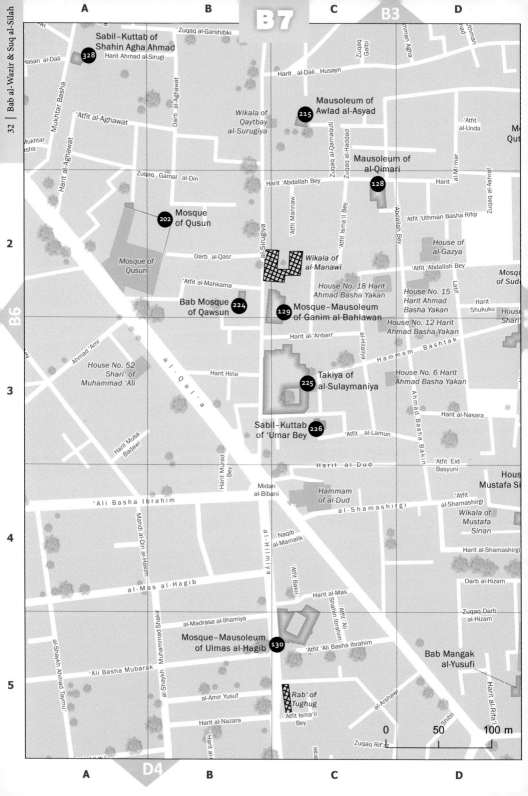

B3

B6

D4

A

B

C

D

2

3

4

5

Sabil–Kuttab of
Shahin Agha Ahmad
328

Zuqaq al-Garshibki

Harit Ahmad al-Sirugi

Harit al-Dali Husayn

Zuqaq Galbi

'Uthman Agha

'Uthman had

Hasan al-Dali

Mukhtar Basha

'Atfit al-Aghawat

Darb al-Aghawat

Mausoleum of
Awlad al-Asyad
215

'Atfit al-Unda

Mo
Qut

Mukhtar Basha

Harit al-Aghawat

Zuqaq Gamal al-Din

Zuqaq al-Qarnabuti

Zuqaq al-Haddad

Mausoleum of
al-Qimari
128

Harit al-Mi'mar

Harit al-Ashraf

Wikala of
Qaytbay
al-Surugiya

Mosque
of Qusun
202

Harit 'Abdallah Bey

al-Sirugiya

'Atfit Mannaw

'Atfit Isma'il Bey

'Abdallah Bey

'Atfit 'Uthman Basha Rifqi

House of
al-Gazya

Mosque
of Qusun

Darb al-Qasr

Wikala of
al-Manawi

'Atfit 'Abdallah Bey

Mosqu
of Sud

'Atfit al-Mahkama

House No. 18 Harit
Ahmad Basha Yakan

House No. 15
Harit Ahmad
Basha Yakan

Bab Mosque
of Qawsun
224

Mosque–Mausoleum
of Ganim al-Bahlawan
129

Harit
Shukuku

House
Shari

Harit al-'Anbari'

House No. 12 Harit
Ahmad Basha Yakan

Ahmad 'Amr

House No. 52
Shari' of
Muhammad 'Ali

Harit Hina

al-Hilaliya

Hammam Bashtak

Ahmad Basha Bakin

Harit Musa Badawi

al-Qal'a

Takiya of
al-Sulaymaniya
225

House No. 6 Harit
Ahmad Basha Yakan

Harit al-Nasara

Sabil–Kuttab
of 'Umar Bey
226

'Atfit al-Lamun

'Atfit 'Eid
Basyuni

Harit al-Dud

Hous
Mustafa Si

'Ali Basha Ibrahim

Harit Murad Bey

Midan
al-Bibani

Hammam
of al-Dud

al-Shamashirgi

'Atfit
al-Shamashirgi

Wikala of
Mustafa
Sinan

Mahdi al-Din al-Hakim

al-Hilimiya

Naqib
al-Mamalik

'Atfit Bakir

Harit al-Shamashirgi

al-Mas al-Hagib

Harit al-Mas

'Atfit 'Ali
Shahin Ibrahim

'Atfit 'Ali

Darb al-Hizam

al-Shaykh Ahmad Taymur

'Ali Basha Mubarak

Muhammad Shakir

al-Shaykh

al-Madrasa al-Ilhamiya

Mosque–Mausoleum
of Ulmas al-Hagib
130

'Atfit 'Ali Basha Ibrahim

Zuqaq Darb
al-Hizam

Bab Mangak
al-Yusufi

Harit al-Rifa'i

al-Amir Yusuf

Rab' of
Tughug

'Atfit Isma'il
Bey

al-Arshawf

Shibli

Harit al-Nazara

Zuqaq Rif'at

0   50   100 m

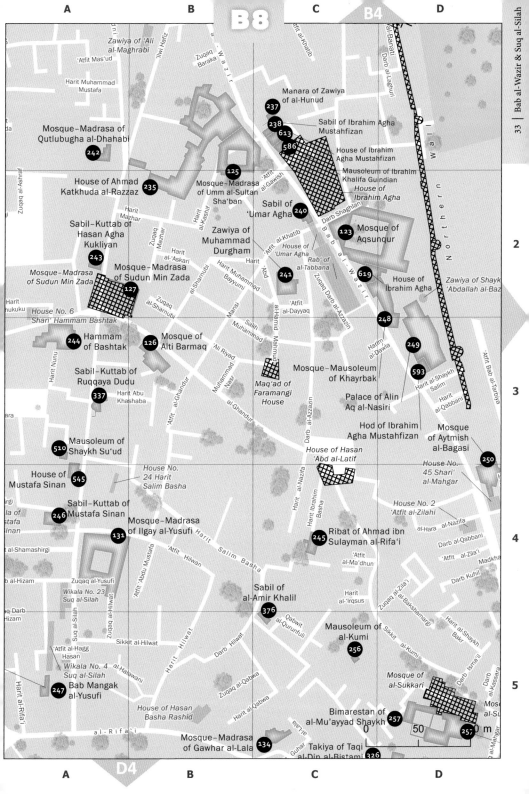

B8

B4

A　　B　　C　　D

Zawiya of 'Ali al-Maghrabi

'Iwi Hafiz
'Atfit Mas'ud

Harit Muhammad Mustafa

Zuqaq Baraka

al-Afit al-Khatib

Darb al-Laghuri

Manara of Zawiya of al-Hunud

237

238
613
586

Sabil of Ibrahim Agha Mustahfizan

House of Ibrahim Agha Mustahfizan

Mausoleum of Ibrahim Khalifa Guindian

House of Ibrahim Agha

Mosque–Madrasa of Qutlubugha al-Dhahabi

242

Zuqaq al-Ashraf

House of Ahmad Katkhuda al-Razzaz

235

125

Mosque–Madrasa of Umm al-Sultan Sha'ban

Sabil of 'Umar Agha

240

Sabil–Kuttab of Hasan Agha Kukliyan

243

Harit Mazhar

Harit al-Kashif

Zuqaq Mazhar

Harit al-'Askari

Zawiya of Muhammad Durgham

House of 'Umar Agha

Mosque–Madrasa of Sudun Min Zada

127

Mosque–Madrasa of Sudun Min Zada

Zuqaq al-Sharnubi

Harit al-Sharnubi

Harit Muhammad Bayyumi

Harit

241

Rab' of al-Tabbana

123

Mosque of Aqsunqur

619

House of Ibrahim Agha

Zawiya of Shaykh 'Abdallah al-Baz

248

Harit al-Dawla

249

House No. 6 Shari' Hammam Bashtak

Harit Shukuku

Hammam of Bashtak

244

126

Mosque of Alti Barmaq

'Atfit al-Dayyaq

Darb Darb al-Azzazin

Mosque–Mausoleum of Khayrbak

593

Harit al-Shaykh Salim

Sabil–Kuttab of Ruqqaya Dudu

337

Harit Abu Khashaba

Maq'ad of Faramangi House

Palace of Alin Aq al-Nasiri

Harit al-Qabbani

Mausoleum of Shaykh Su'ud

510

House of Mustafa Sinan

545

House No. 24 Harit Salim Basha

Hod of Ibrahim Agha Mustahfizan

Mosque of Aytmish al-Bagasi

250

House No. 45 Shari' al-Mahgar

Sabil–Kuttab of Mustafa Sinan

246

Mosque–Madrasa of Ilgay al-Yusufi

131

House of Hasan 'Abd al-Latif

House No. 2 'Atfit al-Zilahi

al-Hara al-Nazifa

Darb al-Qabbani

al-Shamashirgi

'Atfit Hilwan

Harit Salim Basha

Ribat of Ahmad ibn Sulayman al-Rifa'i

245

'Atfit al-Ma'dhun

'Atfit al-Zila'i

Darb Kuhil

Zuqaq al-Yusufi

Wikala No. 23 Suq al-Silah

Sabil of al-Amir Khalil

376

Qatwit al-Qurunfuli

Mausoleum of al-Kumi

256

Darb Isma'il

'Atfit al-Hagg Hasan

Wikala No. 4 Suq al-Silah

Bab Mangak al-Yusufi

247

Sikkit al-Hilwat

Harit Hilwat

Darb Hilwat

Mosque of al-Sukkari

Bimarestan of al-Mu'ayyad Shaykh

257

257

House of Hasan Basha Rashid

Zuqaq al-Qabwa

Harit al-Qabwa

Mosque–Madrasa of Gawhar al-Lala

134

Takiya of Taqi al-Din al-Bistami

326

0　50　100 m

A　　B　　C　　D

D4

The Citadel & the Surrounding Area

The Citadel was initially built by Salah al-Din al-Ayyubi, the founder of the Ayyubid dynasty. Its walls were built as an extension to the Fatimid walls and were designated to extend the boundaries of Cairo and to serve as a strategic and secure location for the ruler's headquarters. It includes the mosque of Muhammad 'Ali, a Cairo landmark with its Turkish architectural style. The large Mamluk mosque of Sultan Hasan is located west of the Citadel's walls. The area around the Citadel includes many monuments mainly from the Ottoman and Muhammad 'Ali periods.

1 The Citadel
2 Muhammad 'Ali Mosque
3 Mosque of al-Nasir Muhammad
4 Mosque and Madrasa of Sultan Hasan
5 Mosque of Sidi Ahmad al-Rifa'i
6 Shari' Bab al-Wazir (al-Darb al-Ahmar)
7 Shari' Suq al-Silah

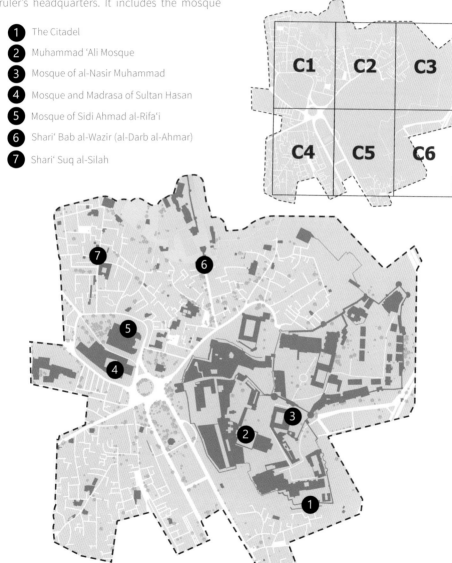

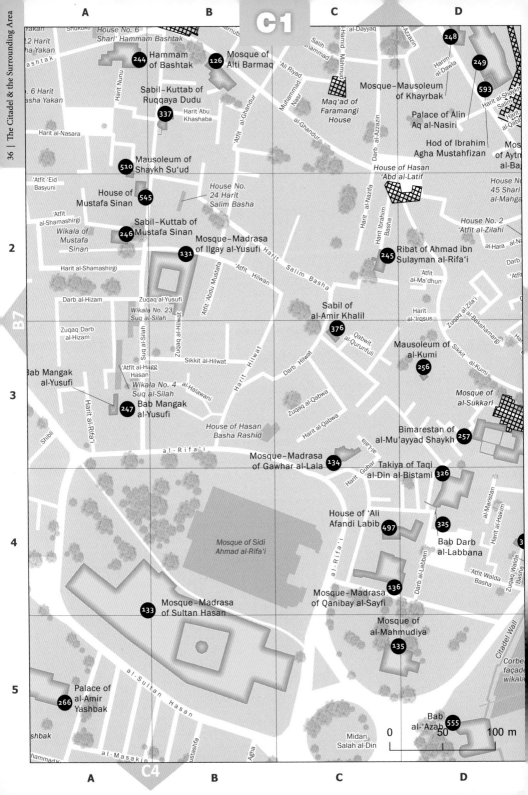

C1

A

House No. 6
Shari' Hammam Bashtak

244 Hammam of Bashtak

126 Mosque of Alti Barmaq

Sabil–Kuttab of Ruqqaya Dudu **337**

Harit Abu Khashaba

'Atfit al-Ghandur

Mausoleum of Shaykh Su'ud **510**

'Atfit 'Eid Basyuni

House No. 24 Harit Salim Basha

House of Mustafa Sinan **545**

'Atfit al-Shamashirgi

Sabil–Kuttab of Mustafa Sinan **246**

Wikala of Mustafa Sinan

Harit al-Shamashirgi

Mosque–Madrasa of Ilgay al-Yusufi **131**

'Atfit Abdu Mustafa

Darb al-Hizam

Zuqaq al-Yusufi

Wikala No. 23 Suq al-Silah

Zuqaq Darb al-Hizam

Zuqaq Darb al-Hilwat

Suq al-Silah

'Atfit al-Hagg Hasan

Wikala No. 4 Suq al-Silah

al-Halawani

Bab Mangak al-Yusufi

247 Bab Mangak al-Yusufi

Harit al-Rifa'i

Shibili

al-Rifa'i

B

Mosque of Sidi Ahmad al-Rifa'i

Mosque–Madrasa of Gawhar al-Lala **134**

133 Mosque–Madrasa of Sultan Hasan

al-Sultan Hasan

al-Masakin

Mustashfa

Agha

Palace of al-Amir Yashbak

266 Palace of al-Amir Yashbak

ashbak

hammadk

C

Shukuku

al-Dayyaq

Salih Muhammad

al-Hamid Mahmud

Muhammad Nasr

'Ali Riyad

al-Ghandur

Maq'ad of Faramangi House

al-Azzazin

House of Hasan 'Abd al-Latif

Harit Ibrahim Basha

Harit al-Nazifa

Sabil of al-Amir Khalil **376**

Qabwit al-Qurunfuli

Darb Hilwat

Zuqaq al-Qabwa

Harit al-Qabwa

Sikkit al-Hilwat

Harit Hilwat

House of Hasan Basha Rashid

Harit Guhar

Takiya of Taqi al-Din al-Bistami

House of 'Ali Afandi Labib **497**

Darb al-Labban

Mosque–Madrasa of Qanibay al-Sayfi **136**

Mosque of al-Mahmudiya **135**

Midan Salah al-Din

D

248

Harim al-Dawla

249

593

Mosque–Mausoleum of Khayrbak

Harit al-Shaikh

Palace of Alin Aq al-Nasiri

Hod of Ibrahim Agha Mustahfizan

Mos of Aytm al-Ba

House No 45 Shari al-Mahga

House No. 2 'Atfit al-Zilahi

al-Hara

Ribat of Ahmad ibn Sulayman al-Rifa'i **245**

'Atfit al-Ma'dhun

Zuqaq al-Zila'i

Harit al-'Irqsus

Zuqaq al-Baksham

Mausoleum of al-Kumi **256**

Sikkit al-Kumi

Mosque of al-Sukkari

Bimarestan of al-Mu'ayyad Shaykh **257**

326

325

al-Maristan

Harit al-Hakim

Bab Darb al-Labbana

3

Zuqaq Walda Basha

'Atfit Walda Basha

Citadel Wall

Corbe façade wikala

Bab al-'Azab **555**

0   50   100 m

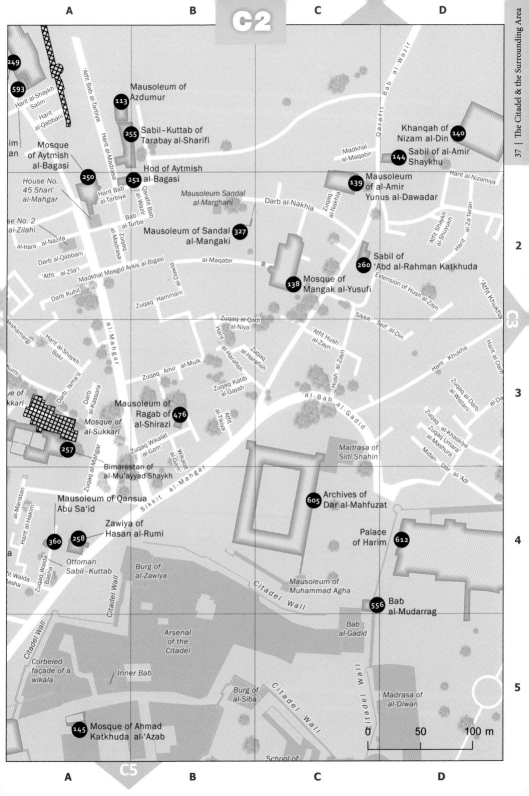

C2

249

593

...im
...an

Mosque
of Aytmish
al-Bagasi

House No.
45 Shari'
al-Mahgar

...se No. 2
...al-Zilahi

'Atfit Bab al-Tarbiya

Harit al-Shaykh
Salim

Harit
al-Qabbani

Harit al-Madrasa

250

Harit Bab
al-Tarbiya

251

Qarafi Bab
al-Wazir

Hod of Aytmish
al-Bagasi

Bab
al-Turba

Zuqaq
al-Madrasa

113

Mausoleum of
Azdumur

255

Sabil–Kuttab of
Tarabay al-Sharifi

Mausoleum Sandal
al-Marghani

Mausoleum of Sandal
al-Mangaki **327**

al-Maqabir

Bab al-Wazir

Qarafit Bab al-Wazir

Madkhal
al-Maqabir

Zuqaq al-Nakhla

Darb al-Nakhla

139

Mausoleum
of al-Amir
Yunus al-Dawadar

Khanqah of
Nizam al-Din **140**

144 Sabil of al-Amir
Shaykhu

Harit al-Nizamiya

'Atfit Shaykh
al-Shuyukh

Harit
al-Za'faran

C3

'Atfit Khukha

2

al-Hara

al-Nazifa

Darb al-Qabbani

'Atfit al-Zila'i

Madkhal Masgid Aysis al-Bigasi

Darb Kuhil

Zuqaq Hammam

al-Mahgar

Zuqaq al-Qadi
al-Niya

Harit al-Harafish

Zuqaq al-Harafish

Mausoleum of
Ragab of
al-Shirazi **476**

138 Mosque of
Mangak al-Yusufi

Sabil of
'Abd al-Rahman Katkhuda **260**

Extension of Hush al-Zayn

Sikkit Seif al-Din

'Atfit Hush
al-Zayn

Hush al-Zayn

Harit al-Din

Harit Khukha

Harit al-Darb

Zuqaq al-Darb
al-Wistani

Zuqaq al-Khaskiya

Zuqaq Umarai
al-Mashura

Harit al-Da...

3

...kshamargi

Harit al-Shaykh
Bakr

...umi

Darb Ismai'l

Mosque of
al-Sukkari

257

Darb
al-Kassara

Darb
al-Hassana

Zuqaq Amir al-Mulk

Zuqaq Katib
al-Gaysh

'Atfit
al-Trikiya

Zuqaq Wikalat
al-Gam'

Wikalat
al-Gam'

al-Bab al-Gadid

Madrasa of
Sidi Shahin

Midan Dar al-'Adl

605 Archives of
Dar al-Mahfuzat

Bimarestan of
al-Mu'ayyad Shaykh

Zuqaq al-Mahgar

Sikkit al-Mahgar

Mausoleum of Qansua
Abu Sa'id

Zawiya of
Hasan al-Rumi

360

258

Harit al-Maristan

Harit al-Hakim

Ottoman
Sabil–Kuttab

Zuqaq Walda
Basha

Burg of
al-Zawiya

Citadel Wall

Palace
of Harim **612**

Mausoleum of
Muhammad Agha

Bab
al-Gadid

556 Bab
al-Mudarrag

4

...a

...fit Walda
...asha

Citadel Wall

Arsenal
of the
Citadel

Inner Bab

Corbeled
façade of a
wikala

Burg of
al-Siba'

Citadel Wall

Citadel Wall

Madrasa of
al-Diwan

5

145 Mosque of Ahmad
Katkhuda al-'Azab

School of

C5

0   50   100 m

A   B   C   D

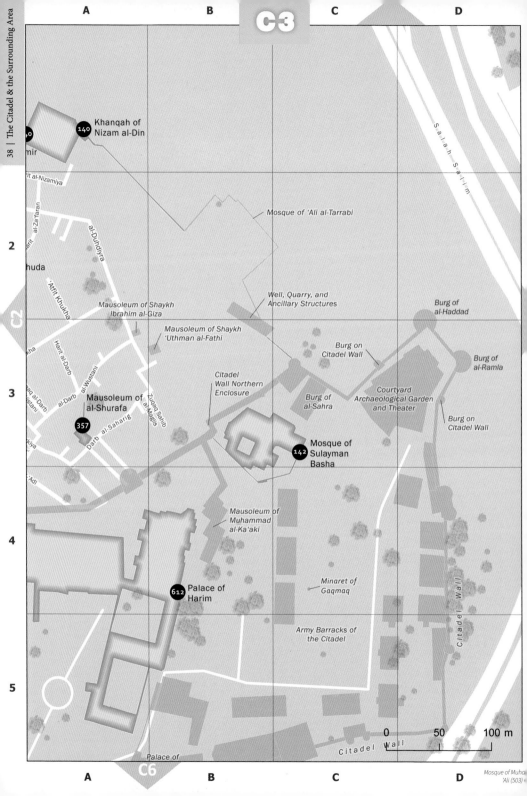

C3

A   **B**   **C**   **D**

2

3

4

5

Salah Salim

140 Khanqah of
Nizam al-Din

mir

rit al-Nizamiya

Harit al-Za'faran

al-Duhdiya

'Afit Khukha

huda

Mosque of 'Ali al-Tarrabi

*Well, Quarry, and
Ancillary Structures*

*Burg of
al-Haddad*

*Mausoleum of Shaykh
Ibrahim al-Giza*

*Mausoleum of Shaykh
'Uthman al-Fathi*

*Burg on
Citadel Wall*

*Burg of
al-Ramla*

C2

Harit al-Darb

al-Darb

kha

**Mausoleum of
al-Shurafa**

357

*Zuqaq Sahib
al-Maqis*

*Citadel
Wall Northern
Enclosure*

Darb al-Saharig

*Burg of
al-Sahra*

*Courtyard
Archaeological Garden
and Theater*

*Burg on
Citadel Wall*

al-Darb

istani

kiya

'Adl

142 Mosque of
Sulayman
Basha

*Mausoleum of
Muhammad
al-Ka'aki*

612 Palace of
Harim

*Minaret of
Gaqmaq*

Citadel Wall

*Army Barracks of
the Citadel*

0   50   100 m

Palace of

C6

Citadel Wall

A   **B**   **C**   **D**

*Mosque of Muhammad
'Ali (503)*

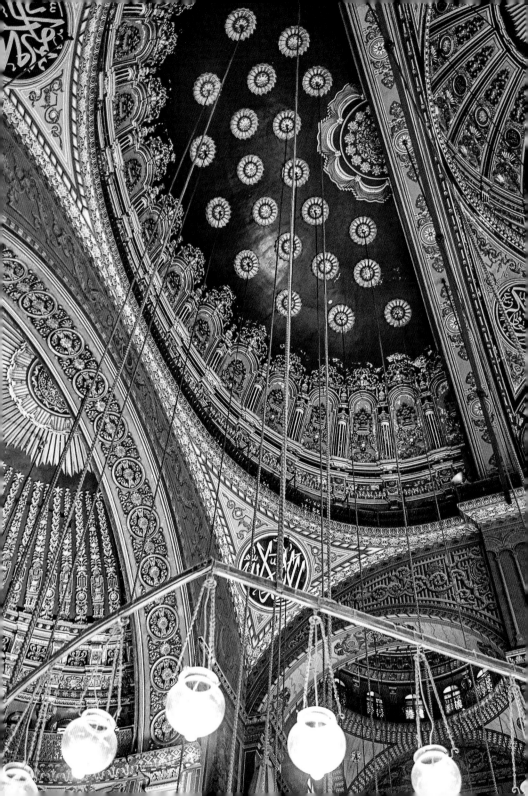

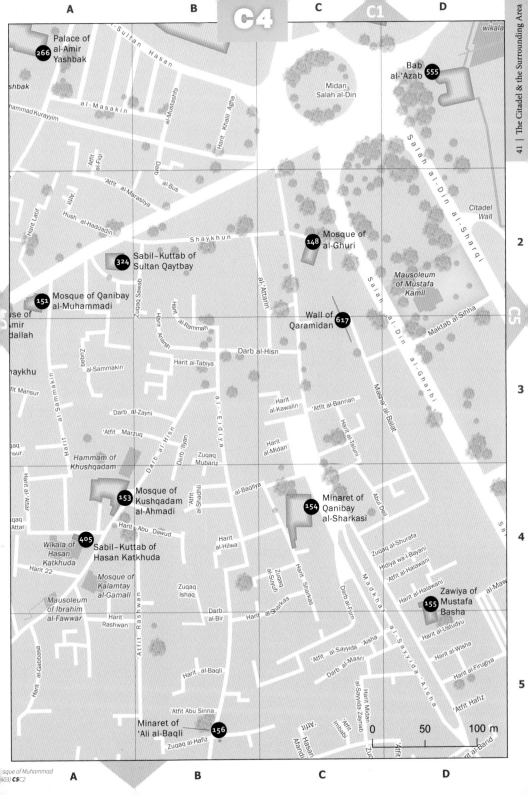

C4

C1

C5

A · B · C · D

2

3

4

5

Palace of al-Amir Yashbak **266**

al-Masakin

al-Sultan Hasan

Harit Khalil Agha

al-Mustashfa

'Atfit al-Fiqi

Darb

Bab al-'Azab **555**

wikala

Midan Salah al-Din

Citadel Wall

Salah al-Din al-Sharqi

'Atfit al-Marasliya

al-Bus

Harit Latif

Hush al-Haddadin

'Atfit

Shaykhun

Mosque of al-Ghuri **148**

Mausoleum of Mustafa Kamil

Sabil–Kuttab of Sultan Qaytbay **324**

Mosque of Qanibay al-Muhammadi **151**

Zuqaq Sawab

Harit al-Rammah

al-'Attarin

Salah al-Din al-Gharbi

Maktab al-Sihha

use of amir dallah

Harit al-Sammakin

Harit al-Ararsh

Darb al-Hisn

Wall of Qaramidan **617**

Mashra' al-Balat

haykhu

fit Mansur

Zuqaq al-Sammakin

Darb al-Zayni

Harit al-Tabiya

Darb al-Hisn

Harit al-Kawalin

'Atfit al-Bannan

Harit al-Talum

qaq nsur

'Atfit Marzuq

Darb Ilyan

Zuqaq Mubariz

Harit al-Kawalin

Harit al-Midan

Hammam of Khushqadam

Mosque of Kushqadam al-Ahmadi **153**

'Atfit al-Shadhli

al-Baqliya

Minaret of Qanibay al-Sharkasi **154**

Abul Dell

Madkha

Wikala of Hasan Katkhuda **405**

Sabil–Kuttab of Hasan Katkhuda

Harit Abu Dawud

Harit al-Hilwa

Harit al-Suyufi

Harit al-Sharkas

Darb al-Furn

Zuqaq al-Shurafa

Hidiya wa-l Bayani

'Atfit al-Halawani

Harit 22

Mosque of Kalamtay al-Gamali

Zuqaq Ishaq

Zuqaq al-Suyufi

Harit al-Halawani

Zawiya of Mustafa Basha **155**

al-Maw

Mausoleum of Ibrahim al-Fawwar

Harit Rashwan

'Atfit Rashwan

Darb al-Bir

Darb al-Shafkas

al-Sayyida 'Aisha

Harit al-Ustudyu

Harit al-Wisha

Harit al-Gabbasa

'Atfit al-Baqli

'Atfit al-Sayyida

Darb al-Masri

al-Sayyida Zaynab

Harit al-Firuqiya

Harit al-Baqli

'Aisha

al-Sayyida 'Aisha

Harit Midan al-Sayyida Zaynab

'Atfit Hafiz

Minaret of 'Ali al-Baqli **156**

'Atfit Abu Sinna

Zuqaq al-Hafiz

'Atfit Imbabi

Hasan Afandi

'Atfit al-Barid

0 · 50 · 100 m

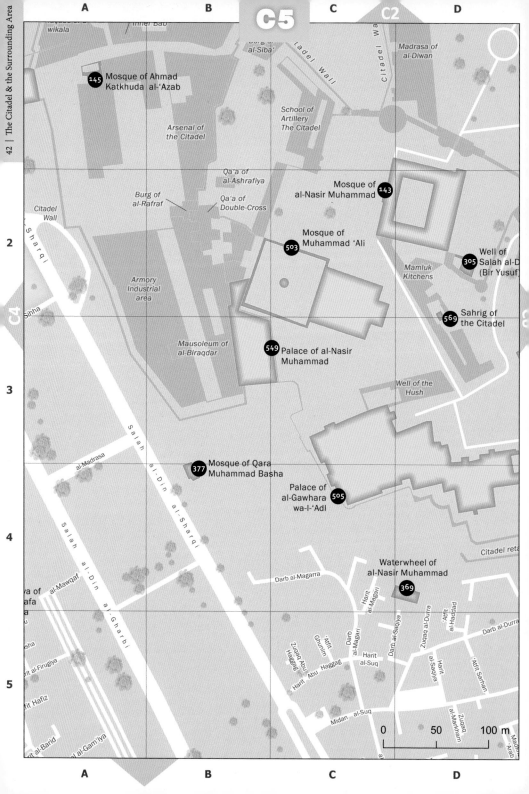

C5

C2

C4

Yaqubshahi wikala

Inner Bab

Burg of al-Siba'

Citadel Wall

Citadel Wall

Madrasa of al-Diwan

145 Mosque of Ahmad Katkhuda al-'Azab

Arsenal of the Citadel

School of Artillery The Citadel

Citadel Wall

al-Sharqi

Qa'a of al-Ashrafiya

Burg of al-Rafraf

Qa'a of Double-Cross

Mosque of al-Nasir Muhammad **143**

2

Mosque of Muhammad 'Ali **503**

Mamluk Kitchens

Well of Salah al-D (Bir Yusuf) **305**

Armory Industrial area

569 Sahrig of the Citadel

Mausoleum of al-Biraqdar

549 Palace of al-Nasir Muhammad

Well of the Hush

3

al-Madrasa

Salah al-Din al-Sharqi

377 Mosque of Qara Muhammad Basha

Palace of al-Gawhara wa-l-'Adl **505**

Citadel reta

4

al-Mawqaf

Salah al-Din ay-Gharbi

Darb al-Magarra

Waterwheel of al-Nasir Muhammad

369

Citadel reta

al-Firugiya

al-Barid

al-Gam'iya

'Afit Hafiz

Zuqaq Abu Haggag

'Afit Ghunim

Harit Abu Haggag

Darb al-Magari

Harit al-Suq

Harit al-Magari

Darb al-Sadiya

Zuqaq al-Durra

Harit al-Sadiya

'Afit al-Haddad

'Afit Saman

Darb al-Durra

5

Midan al-Suq

Zuqaq al-Markham

Madh Arab

0   50   100 m

A   B   C   D

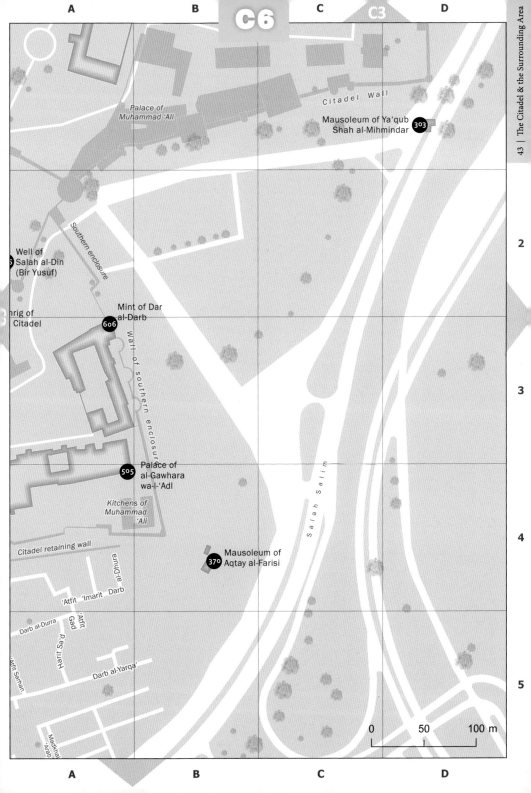

C6

C3

A　　B　　C　　D

Citadel Wall

Palace of
Muhammad 'Ali

Mausoleum of Ya'qub
Shah al-Mihmindar **303**

Well of
Salah al-Din
(Bir Yusuf)

Southern enclosure

nrig of
Citadel

Mint of Dar
al-Darb **606**

Wall of southern enclosure

2

3

505 Palace of
al-Gawhara
wa-l-'Adl

Kitchens of
Muhammad
'Ali

Salah Salim

4

Citadel retaining wall

370 Mausoleum of
Aqtay al-Farisi

al-Dhua

'Atfit 'Imarit Darb

Darb al-Durra

'Atfit
Gad

Harit Sa'd

'Atfit Saman

Darb al-Yarqa'

5

Madkhal
'Arab

0　　50　　100 m

A　　B　　C　　D

D Ibn Tulun Area

This area holds the oldest mosque in Cairo that remains mostly unchanged since it was built. Constructed in the late ninth century, the Mosque of Ibn Tulun is the oldest and one of the largest mosques in Cairo. This area also includes Shari' Bur Sa'id, on which lies the Museum of Islamic Art further north.

Shari' Saliba is also known for a few Mamluk monuments, including the mosque, khanqah, and hammam of al-Amir Shaykhu as well as the Mosque–Madrasa of Taghribardi. Next to Ibn Tulun Mosque also lies the Mosque–Madrasa of Sarghatmish to the north and the house of Kritliya to the southeast.

1. Mosque of Ahmad ibn Tulun
2. Shari' Saliba
3. Mosque and Khanqah of al-Amir Shaykhu
4. Shari' Bur Sa'id
5. House of Kritliya
6. Mosque and Madrasa of Sultan Hasan
7. Mosque of Sidi Ahmad al-Rifa'i

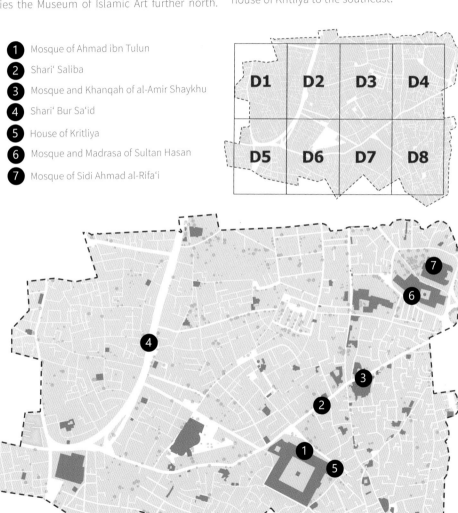

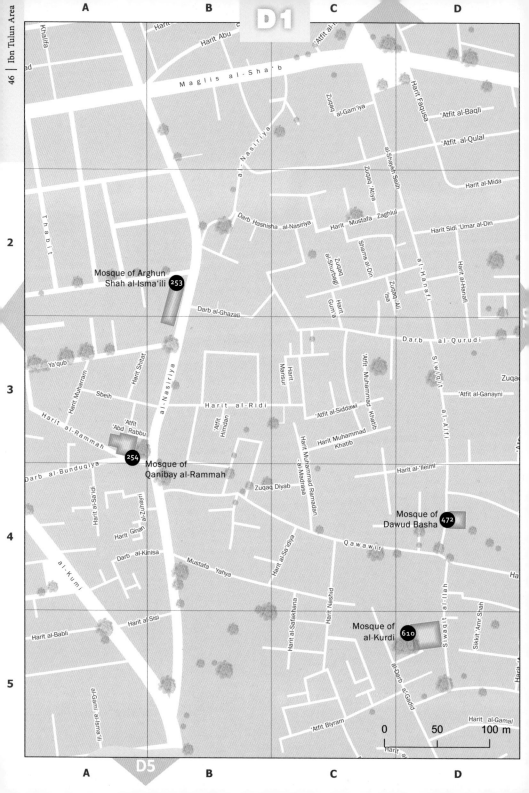

D1

A B C D

Khalifa

Harit Abu

Harit

'Atfit al-

Maglis al-Sha'b

Harit Faqusa

'Atfit al-Baqli

Zuqaq

al-Gam'iya

'Atfit al-Qulal

al-Nasiriya

al-Shaykh Salih

Harit al-Mida

2

Zuqaq 'Atiya

Darb Hashisha al-Nasiriya

Harit Mustafa Zaghlul

Harit Sidi 'Umar al-Din

Zuqaq al-Shurbagi

Shams al-Din

Harit al-Hanafi

Thabit

Mosque of Arghun
Shah al-Isma'ili **253**

Zuqaq 'Ali

al-Hanafi

Darb al-Ghazali

Harit Gum'a

Isa

Darb al-Qurudi

Ya'qub

Harit Shitat

Harit Mansur

'Atfit Muhammad Khatib

al-Siwiqah

Zuqaq

3

Harit Muharram

al-Nasiriya

Harit al-Ridi

al-Atfi

'Atfit al-Ganayni

Sbeih

'Atfit Himdan

'Atfit al-Siddawi

Harit al-Rammah

'Abd Rabbu

Harit Muhammad Khatib

Harit al-'Ileimi

254 Mosque of
Qanibay al-Rammah

Harit Muhammad Ramadan - al-Madrasa

Darb al-Bunduqiya

Zuqaq Diyab

Harit al-Sa'idi

Mosque of
Dawud Basha **472**

Harit Ginan al-Zuhayri

4

Darb al-Kinisa

Qawawir

al-Kumi

Mustafa Yahya

Harit al-Sa'idiya

Ha

al-Darb al-Gadid

Harit al-Babli

Harit al-Sisi

Harit al-Safakhana

Harit Nashid

Mosque of
al-Kurdi **610**

Sikkit 'Amr Shah

al-Siwiqah

5

al-Gami' al-Isma'ili

al-Darb al-Gadid

Harit al-Gamal

'Atfit Biyram

0   50   100 m

Harit

A B C D

D5

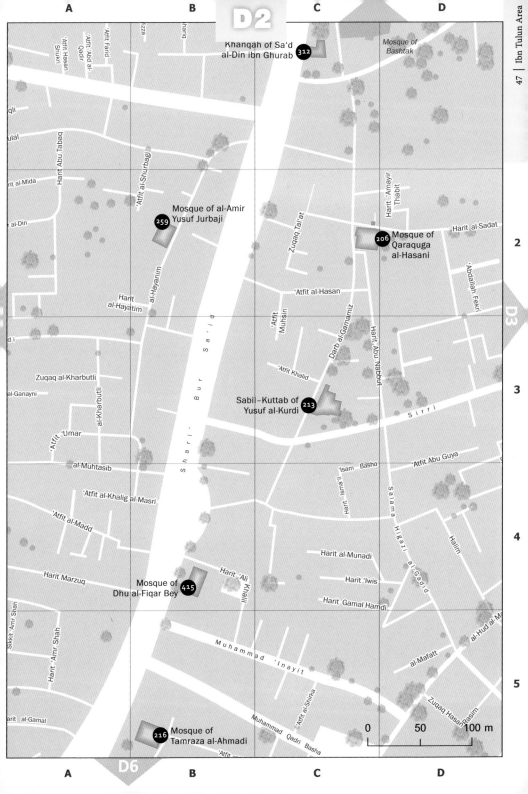

D2

Khanqah of Sa'd al-Din ibn Ghurab ⬤312

Mosque of Bashtak

Mosque of al-Amir Yusuf Jurbaji ⬤259

Mosque of Qaraquga al-Hasani ⬤206

Harit al-Sadat

D3

Sabil–Kuttab of Yusuf al-Kurdi ⬤213

Sirri

Mosque of Dhu al-Fiqar Bey ⬤415

Mosque of Tamraza al-Ahmadi ⬤216

0   50   100 m

A   B   C   D

D6

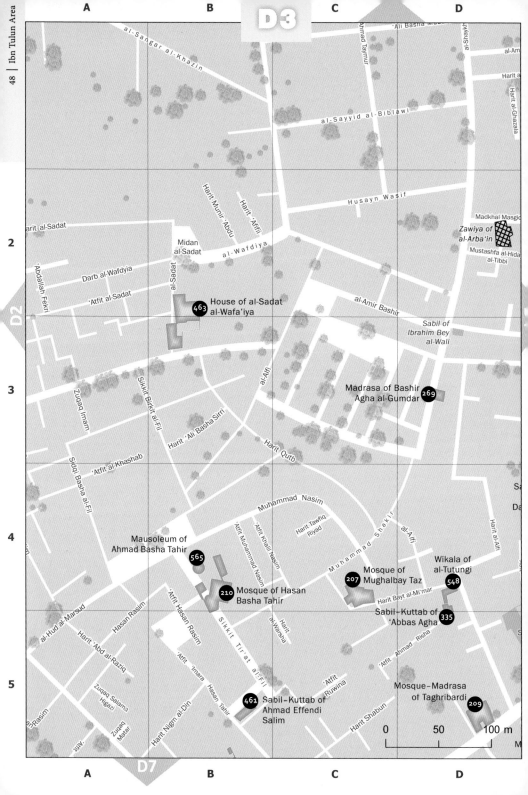

D3

al-Sangar al-Khazin

'Ali Basha Mad

Ahmad Taymur

al-Sayyid al-Biblawi

al-Am

Harit a

Harit al-Ghazala

Harit Munir 'Abdu

Harit 'Afifi

Husayn Wasif

Madkhal Masgid

Zawiya of al-Arba'in

Mustashfa al-Hida al-Tibbi

arit al-Sadat

'Abdallah Fekri

Darb al-Wafdyia

Midan al-Sadat

al-Wafdiya

al-Sadat

'Atfit al-Sadat

463 **House of al-Sadat al-Wafa'iya**

al-Amir Bashir

Sabil of Ibrahim Bey al-Wali

D2

Zuqaq Imam

Sikkit Birkit al-Fil

al-Afifi

Harit 'Ali Basha Sirri

3

Madrasa of Bashir Agha al-Gumdar **269**

'Atfit al-Khashab

Sidqi Basha al-Fil

Harit Qutb

Muhammad Nasim

Harit Tawfiq Riyad

'Atfit Khalil Nasim

'Atfit Muhammad Nasim

Muhammad Shakir

al-Afifi

Harit al-Afifi

4

Mausoleum of Ahmad Basha Tahir

565

210 **Mosque of Hasan Basha Tahir**

207 **Mosque of Mughalbay Taz**

Wikala of al-Tutungi

548

Harit Bayt al-Mi'mar

Sabil-Kuttab of 'Abbas Agha **335**

al-Hud al-Marsud

Hasan Rasim

Harit 'Abd al-Raziq

'Atfit Hasan Rasim

Sikkit Tir'at al-Fil

Harit al-Warsha

'Atfit 'Imara Hasan Tahir

'Atfit Ruwina

'Atfit Ahmad Risha

Sa

Da

5

Mosque-Madrasa of Taghribardi **209**

'Rasim

Zuqaq Salama Higazi

Zuqaq Matar

Harit Nigm al-Din

461 **Sabil-Kuttab of Ahmad Effendi Salim**

Harit Shabun

0   50   100 m

M

D7

A   B   C   D

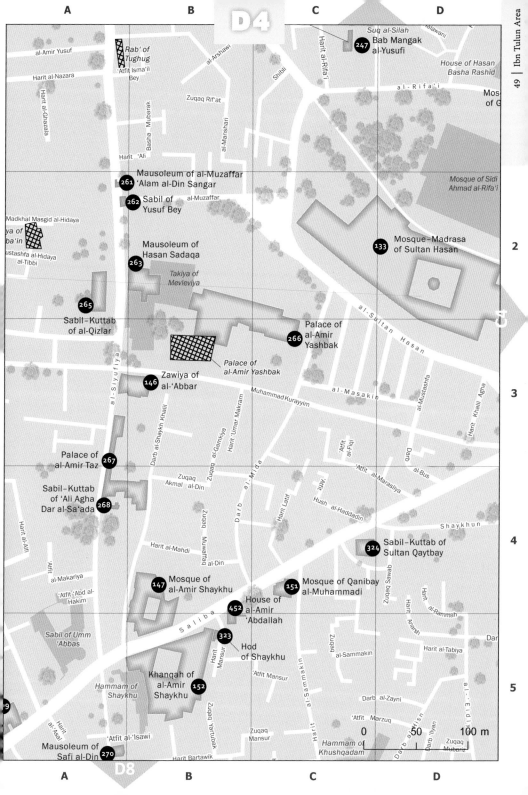

D4

A   B   C   D

al-Amir Yusuf

Rab' of Tughug
'Atfit Isma'il Bey

al-Arshawi

Suq al-Silah

247 Bab Mangak al-Yusufi

Harit al-Rifa'i

al-Ilawani

Harit al-Nazara

al-Mansari

Zuqaq Rif'at

Shibli

House of Hasan Basha Rashid

Harit al-Ghazala

Basha Mubarak

Harit 'Ali

al - Rifa'i

Mos of G

Madkhal Masgid al-Hidaya
ya of ba'in
ustashfa al-Hidaya al-Tibbi

261 Mausoleum of al-Muzaffar 'Alam al-Din Sangar

262 Sabil of Yusuf Bey

al-Muzaffar

Mosque of Sidi Ahmad al-Rifa'i

263 Mausoleum of Hasan Sadaqa

Takiya of Mevleviya

133 Mosque–Madrasa of Sultan Hasan

2

265

Sabil–Kuttab of al-Qizlar

Palace of al-Amir Yashbak

266

al - Sultan Hasan

146 Zawiya of al-'Abbar

Palace of al-Amir Yashbak

Muhammad Kurayyim

al - Masakin

al - Siyufiya

al-Mustashfa

Harit Khalil Agha

3

Darb al-Shaykh Khalil

Zuqaq al-Gamkiya

Harit 'Umar Makram

Darb al-Mrida

'Atfit al-Fiqi

Darb al-Bus

267 Palace of al-Amir Taz

'Atfit al-Marasliya

268 Sabil–Kuttab of 'Ali Agha Dar al-Sa'ada

Zuqaq Akmal al-Din

Zuqaq Muwaffaq al-Din

Harit Latif

Hush al-Haddadin

Shaykhun

4

Harit al-Alfi

'Atfit al-Makariya

'Atfit 'Abd al-Hakim

Harit al-Mahdi

324 Sabil–Kuttab of Sultan Qaytbay

Darb Shaykhun

Harit al-Rammah

147 Mosque of al-Amir Shaykhu

151 Mosque of Qanibay al-Muhammadi

Saliba

Sabil of Umm 'Abbas

452 House of al-Amir 'Abdallah

323 Hod of Shaykhu

Harit al-Arash

Harit al-Tabiya

Dar

Zuqaq al-Sammakin

Harit al-Sammakin

Hammam of Shaykhu

Khanqah of al-Amir Shaykhu

152

Harit Mansur

'Atfit Mansur

Darb al-Zayni

5

Zuqaq Mansur

'Atfit Marzuq

Darb al-Hisn

al - 'Eidiyah

'Atfit al-'Isawi

Zuqaq Yartubak

Hammam of Khushqadam

0   50   100 m

Mausoleum of Safi al-Din

270

Harit al-Asal

Harit Bartawik

Darb 'Ilyan

Zuqaq Mubaniz

D8

A   B   C   D

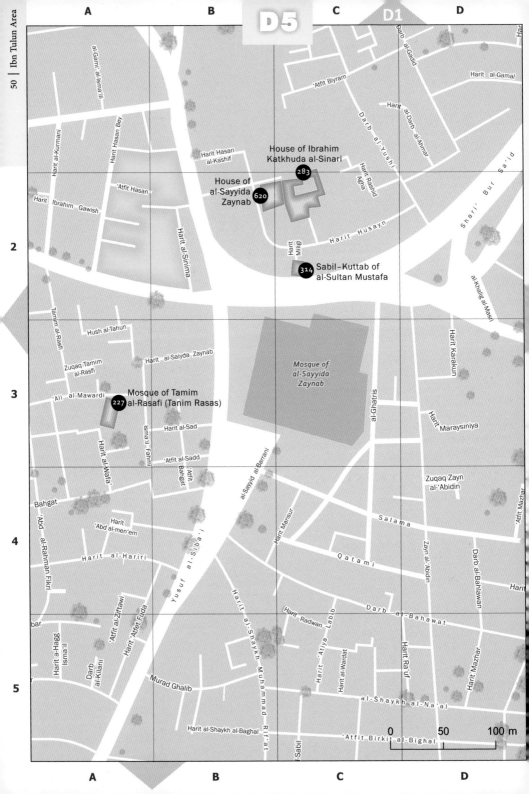

D5

D1

A **B** **C** **D**

al-Gami' al-Isma'ili

Harit al-Kurmani

Harit Hasan Bey

'Atfit Hasan

Harit Ibrahim Gawish

Harit al-Sinma

Harit Hasan al-Kashif

'Atfit Biyram

Darb al-Gadid

Harit al-Gamal

Harit al-Darb al-Ahmar

Darb al-Yushi

Harit Rashid Agha

House of Ibrahim Katkhuda al-Sinari
283

House of al-Sayyida Zaynab
620

Sha fi' Bur Said

Harit Husayn

Harit Miligi

2

314 Sabil–Kuttab of al-Sultan Mustafa

al-Khalig al-Masri

Tamim al-Rasfi

Hush al-Tahun

Zuqaq Tamim al-Rasfi

'Ali al-Mawardi

Harit al-Saiyda Zaynab

Mosque of Tamim al-Rasafi (Tanim Rasas)
227

Mosque of al-Sayyida Zaynab

Harit Karakun

3

Harit al-Wafa'

Ismail Fahmi

Harit al-Sad

'Atfit al-Sadd

'Atfit Bahgat

al-Sayyid al-Barrani

al-Ghatris

Harit Maraysiniya

Bahgat

Harit 'Abd al-men'em

Harit al-Hariri

Yusuf al-Sibai

Harit Mansur

Salama

Zuqaq Zayn al-'Abidin

'Atfit Mazhar

4

'Abd al-Rahman Fikri

Qatami

Zayn al-'Abidin

Darb al-Bahlawan

Harit

'Atfit al-Ziftawi

'Atfit Rida

Harit al-Shaykh Muhammad Rif'at

Darb al-Bahawat

Harit a-Hagg Isma'il

Darb al-Kilani

Murad Ghalib

Harit Radwan

Harit 'Atiya

Labib

Harit al-Wardat

Harit Ra'uf

Harit Mazhar

5

al-Shaykh al-Na'al

Harit al-Shaykh al-Baghal

'Atfit Birkit al-Bighal

-Sabil

0   50   100 m

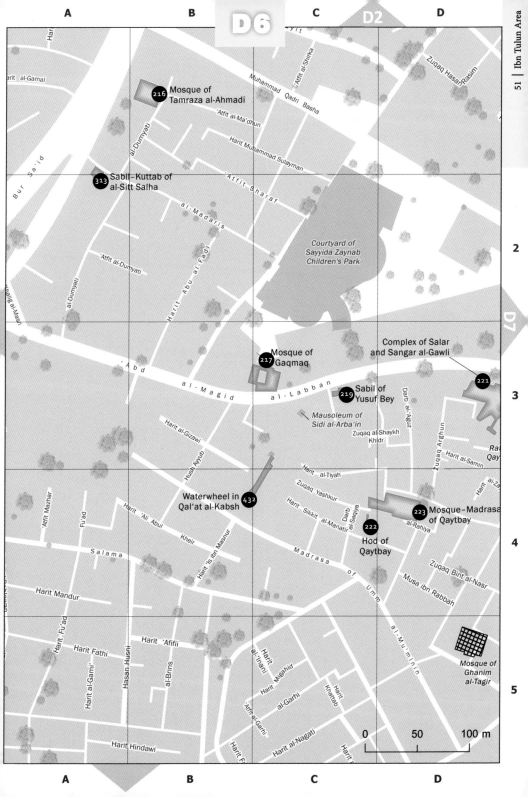

A   B   **D6**   C   **D2**   D

D7

Mosque of
Tamraza al-Ahmadi   **216**

Sabil-Kuttab of
al-Sitt Salha   **313**

Courtyard of
Sayyida Zaynab
Children's Park

Mosque of
Gaqmaq   **217**

Complex of Salar
and Sangar al-Gawli

221

Sabil of
Yusuf Bey   **219**

Mausoleum of
Sidi al-Arba'in

Zuqaq al-Shaykh
Khidr

Ra
Qay

Waterwheel in
Qal'at al-Kabsh   **432**

Mosque–Madrasa
of Qaytbay   **223**

Hod of
Qaytbay   **222**

Mosque of
Ghanim
al-Tagir

0   50   100 m

Street names (as labeled on map):
Harit al-Gamal, Bur Sa'id, al-Dumyati, 'Atfit al-Shirka, Muhammad Qadri Basha, 'Atfit al-Ma'dhun, Harit Muhammad Sulayman, 'Atfit Sharaf, al-Madaris, Harit Abu al-Fadl, 'Atfit al-Dumyati, Khalig al-Masri, 'Abd al-Magid al-Labban, Darb al-Aguz, Zuqaq Arghun, Harit al-Samin, Harit al-Gizawi, Harit al-Tiyah, Zuqaq Yashkur, Harit Sikkit al-Manatir, Darb al-Saqiya, al-Rahiya, Harit al-Za, 'Atfit Mazhar, Fu'ad, Husn Ayyub, Harit 'Ali Abul Kheir, Harit 'Is Ibn Masnur, Salama, Madrasa of Umm, Musa ibn Rabbah, Zuqaq Bint al-Nasr, Harit Mandur, Harit Fu'ad, Harit Fathi, Harit 'Afifii, Hasan Husni, al-Brins, al-Mu'minin, Harit al-Inani, Harit Migahid, al-Garhi, Harit Khatab, Harit al-Nagati, Harit Hindawi, Harit al-Gami

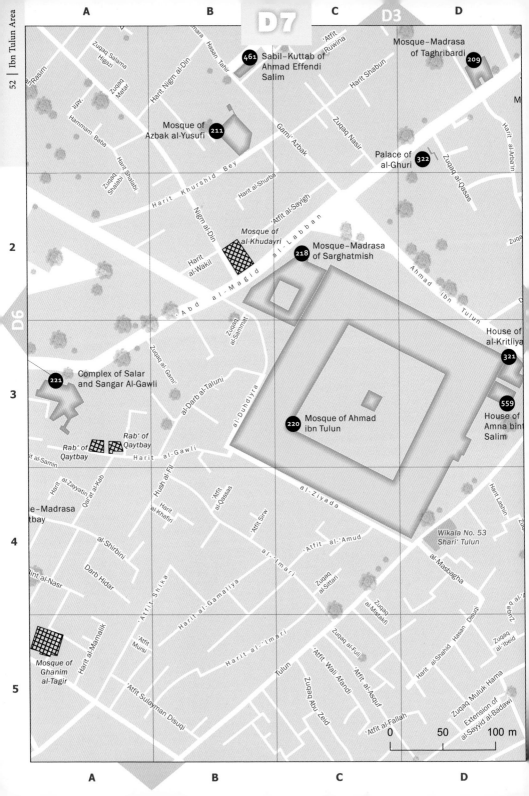

D7

D3

D6

A · B · C · D

Zuqaq Salama Higazi

Zuqaq Matar'

'Atr.

Hammam Baba

Harit Shalabi

Zuqaq Shalabi

'Rasim

461 Sabil–Kuttab of Ahmad Effendi Salim

Mosque–Madrasa of Taghribardi **209**

Harit Shabun

'Atfit Ruwina

Harit Nigm al-Din

Hasan Tahir

Mosque of Azbak al-Yusufi **211**

Gami' Azbak

Zuqaq Nasir

Palace of al-Ghuri **322**

Zuqaq al-Qasas

Harit al-Arba'in

M

Harit Khurshid Bey

Harit al-Shurba

'Atfit al-Sayigh

Nigm al-Din

Harit al-Wakil

Mosque of al-Khudayri

al-Magid

al-Labban

'Abd

Mosque–Madrasa of Sarghatmish **218**

Ahmad ibn Tulun

2

Zuqaq al-Sammat

Zuqaq al-Gami'

al-Darb al-Talunj

al-Duhdiyra

House of al-Kritliya **321**

3

Complex of Salar and Sangar Al-Gawli **221**

Rab' of Qaytbay

Rab' of Qaytbay

Harit al-Gawli

Mosque of Ahmad ibn Tulun **220**

House of Amna bint Salim **559**

Harit Lashtin

'it al-Samin

Harit al-Zayyatin

Qal'at al-Kab

Hush al-Fil

Harit al-Khafiri

'Atfit al-Qasas

al-'Imari

al-Ziyada

4

e–Madrasa tbay

al-Shirbini

Darb Hidar

'Atfit Shika

'Atfit Sirw

'Atfit al-'Amud

Wikala No. 53 Shari' Tulun

al-Masbagha

int al-Nasr

Harit al-Mamalik

'Atfit Mursi

Harit al-Gamaliya

Zuqaq al-Sittari

Zuqaq al-Misakfi

Harit al-Shahid Hasan Disuqi

Zuqaq al-Obeid

5

Mosque of Ghanim al-Tagir

'Atfit Sulayman Disuqi

Tulun

Zuqaq Abu Zeid

Zuqaq al-Fuli

'Atfit Wali Afandi

'Atfit al-Asfur

Zuqaq Muluk Hama

Extension of al-Sayyid al-Badawi

'Atfit al-Fallah

0 · 50 · 100 m

A · B · C · D

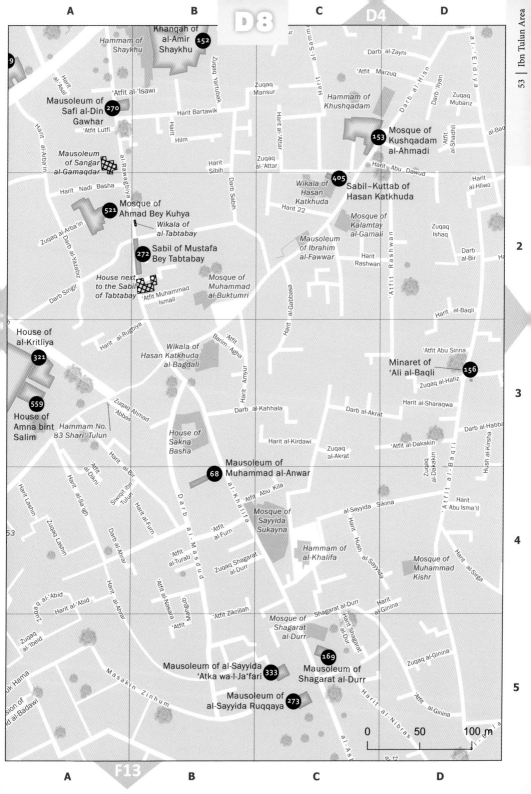

E Coptic & Old Cairo

Also known as al-Fustat, this area represents the origins of the city. It contains the ruins of the Fortress of Babylon and remaining walls, within which lie multiple historical churches and a synagogue. When 'Amr ibn al-'As arrived in this area, he set up a camp to the northeast of the fortress walls. This became the seed of a new settlement and the location of a mosque that still holds his name. Toward the west and across the Nile River on the island of Roda, a Nilometer is located. It was used to track the water level of the Nile.

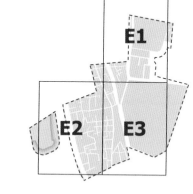

1 Mosque of 'Amr ibn al-'As

2 Ben Ezra Synagogue

3 The Hanging Church

4 The Coptic Museum

5 Fortress of Babylon

6 Church of Saint George (Greek Orthodox)

7 Nilometer (Miqyas al-Nil)

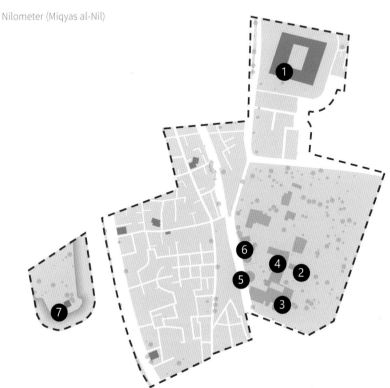

E1

A   B   C   D

'Uqba

al-Bahnasawi

'Amr ibn al-'As

'Ali Salim

Harit 'Abd   al-Gawwad

G a m i '   ' A m r

Harit Tuma

-hin

Mosque of
'Amr ibn al-'As ⓷¹⁹

Harit 'Abdallah Mahran

Mikkawi

Harit Isma'il Yusuf

-usa

Hasanayn

Hasanayn

Harit Mrusa

Hasanayn

Hasanayn

Hasa n   a l - A n w a r   Qibli

K h a l i l   ' I w i s

Harit al-Hagg Shihab

Harit 'Isa Ibrahim

Harit Muhammad Shalabi

Harit Yusuf

al-Kinisa al-Mawarna

Hasan al-Anwar Qibli

S i k k i t   H a d i d   H i l w a n   a l - S h a r q i

-afiz

Harit al-Kafr
al-Bahari

Bawwabit al-Wada'

-ghir

'Atfit Mas'ud

Harit

-arit al-Shaykh Shihab

-f

Mosque of ⓹²⁹
al-Saghir

al-Kafr al-Qibli

Harit Bawwabit al-Wada'

0   50   100 m

2

3

4

5

E3

A   B   C   D

E2

A B C D

Mosque of al-Saghir 529

Khan Bakr

Ibrahim Nazif

'Atfit al-Bilidi

Harit Bawwabit

Harit al-Tarzi

Harit Hanafi al-Tarzi

Harit Sunbul

al-Rashidi

Harit al-Maymana

Sa'i al-Bahr

Halaqit al-Samak al-Qadima

Harit al-Darb al-Gadid

Harit al-Gazzar

'Atfit al-Nur

al-Sayyida

Harit al-Qabwa

2

Manara of al-Khurubiya 532

Mosque of al-Suwaydi 318

House of Shihata Ahmad 527

al-Marhumi

al-Quba

Harit al-Ga'ga'i

al-Sayyid Amin

Harit al-Qa'a'i

Harit

al-Ga'ga'i

al-Ga'ga'i

Su'udi

Salih

Harit al-Malak

3

Harit al-Nassara

Harit al-Sharaqwa

'Atfit Zahir

Cornichе al-Nil

Miqyas al-Nil (Nilometer) 79

4

Siyam

Harit al-Khukha

Harit Abul Su'ud

Harit Abu Zayna

Harit Mabruk

Muh

Harit al-Duhma

5

Sidi Abu Rawwash

Mosque of 'Abdi Bey (Ruaysh) 524

al-Qism

0   50   100 m

529 Mosque of al-Saghir

al-Kaff al-Qibli

Harit Bawwabit al-Wada

'Atfit al-Gabali

Harit al-Ginina

Harit al-Gazzar

Harit al-Qa'qa'i

Harit Bikhit

Salih 'Umar

Harit al-Malak

Harit 'Awni

Fitna

Muhammad al-Saghir

Greek Orthodox Church

Virgin Mary Church and Nuptial Hall

Mari Girgis Church (St. George Coptic)

St. George Coptic Convent

St. George Church (Greek Orthodox)

St. Barbara Church

Abu Sarga Church

The Coptic Museum

Ben Ezra Synagogue

Mari Girgis

Fortress of Babylon

Hanging Church

Muhammad Mabruk

Harit al-Sadr

al-Anaya

Harit Abu Zayna

Harit al-Sid

Harit Suq al-Ithnayn

Harit Gamgum

Harit Qasr al-Sham'

Harit Ghalya

Muhammad Isma'il

Harit al-Salam

'Abd al-Fattah

Abul Qasim

al-Saq

Zidan 'Abd al-Rehim

al-Qism

al-Badri

Harit al-Badri

Suq al-Ithnayn

Harit Umm Sabir

Harit Mu

Harit Wasila al-Daya

Harit al-Saghari

Harit al-Higara

Fattah

Salim

0   50   100 m

A   B   C   D

F Other Places of Interest

Valuable monuments are spread throughout Cairo. This section covers the area of Bulaq, the Mosque of al-Sultan al-Zahir Baybars al-Bunduqdari, the Northern Cemteries, the area around the Citadel, and the Southern Cemeteries. Bulaq, a Coptic name most probably meaning "the marsh," was once a port city that emerged during the fourteenth century. The area flourished during the Ottoman era as well as during Muhammad 'Ali's dynasty. It became an important location for industrial and commercial activities. The area hosts the mosques of Mustafa Jurbaji Mirza and of Sinan Pasha. The Mosque of al-Sultan al-Zahir Baybars al-Bunduqdari, located north of the northern walls, and Bab al-Futuh are not associated with any specific group of monuments. The Northern Cemeteries are less well known than the Southern Cemeteries, but they hold a wealth of monuments, especially the tombs of the Mamluks. They are located at the bottom of the Muqattam hills. The Southern Cemeteries, on the other hand, which are also called the Qarafa, are located south of the Citadel, east of the Mosque of Ahmad ibn Tulun, and extend south almost to the borders of the Maadi district.

F4
F5
F6
F7
F8
F9
F1
F3
F10
F2
F11 F12
F13 F14 F15
F16 F17
F18 F19
F22 F23
F20 F21

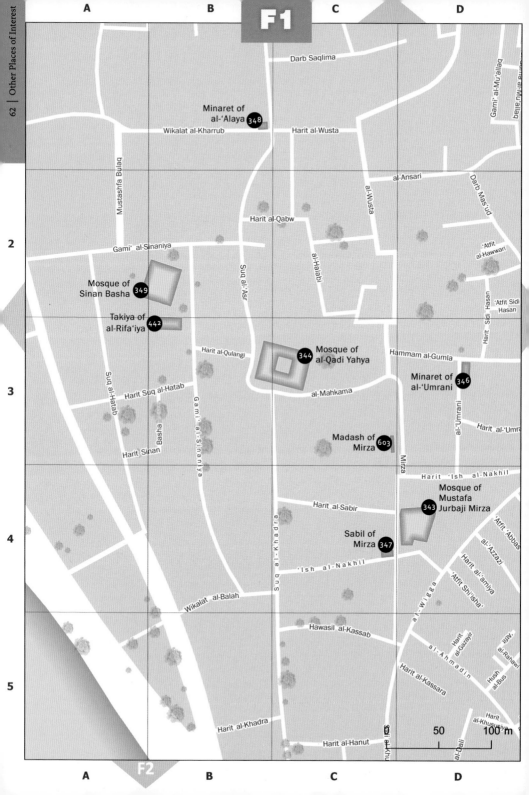

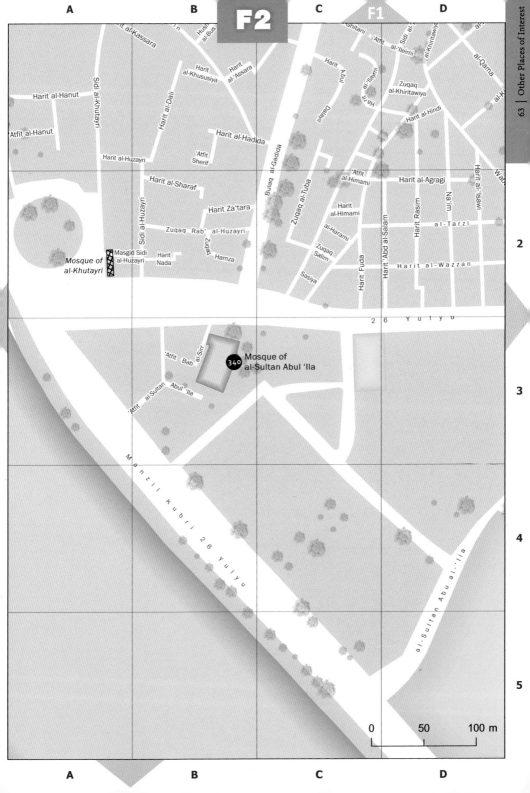

F2

F1

A B C D

Harit al-Kassara

Hush
al-Bus

Ghitani
'Atfit
al-'Ileimi

Sidi al-Khiritawiya

al-Qama

Harit al-Hanut

Sidi al-Khutayri

Harit
al-Khususiya

Harit
al-'Assara

Harit
al-Abun

al-'Ileimi

Ha'iz

Zuqaq
al-Khiritawiya

Harit al-Hindi

al-K

Atfit al-Hanut

Harit al-Huzayri

Harit al-Dali

Harit al-Hadida

'Atfit
Sherif

Dalayi

Bulaq al-Gadida

'Atfit
al-Himami

Harit al-Agragi

Harit al-'Isawi

Wad

Harit al-Sharaf

Sidi al-Huzayri

Harit Za'tara

Zuqaq al-Tuba

Harit
al-Himami

Harit Rasim

Na'im

al-Tarzi

Zuqaq Rab' al-Huzayri

Zuqaq

al-Harami

Harit Abd al-Salam

Harit
Nada

Hamza

Zuqaq
Salim

Harit Fuda

Harit al-Wazzan

*Mosque of
al-Khutayri*

Masgid Sidi
al-Huzayri

Sasiya

2 6 Y u l y u

2

'Atfit Bab al-Sirr

340 Mosque of
al-Sultan Abul 'Ila

3

'Atfit al-Sultan Abul 'Ila

M a n z i l   K u b r i   2 6   Y u l y u

al-Sultan Abu al-'Ila

4

5

0   50   100 m

A B C D

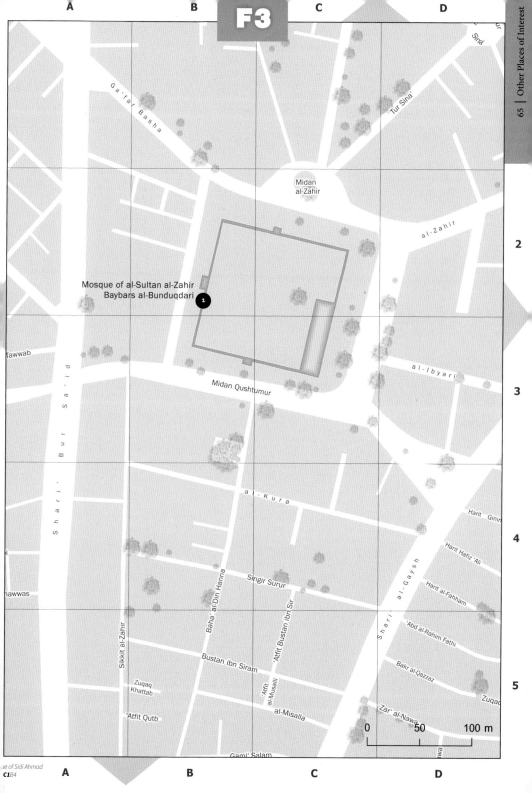

F3

A · B · C · D

Ga·far Basha

Tur Sina'

Sina'

al-Zahir

Midan
al-Zahir

Mosque of al-Sultan al-Zahir
Baybars al-Bunduqdari 1

al-Ibyari

Tawwab

Midan Qushtumur

al-Kura

Sharri' Bur Sa'id

Harit Ginin

Harit Hafiz 'Ali

Singir Surur

Harit al-Fahham

Baha' al-Din Hanna

'Atfit Bustan ibn Sir

Sharri' al-Gaysh

'Abd al-Rahim Fathi

Sikkit al-Zahir

Bustan ibn Siram

'Atfit
al-Musalli

Bakr al-Qazzaz

Zuqaq

hawwas

Zuqaq
Khattab

al-Misalla

Zar' al-Nawa

Zuqaq

'Atfit Qutb

0   50   100 m

ue of Sidi Ahmad
C1B4

Gami' Salam

A · B · C · D

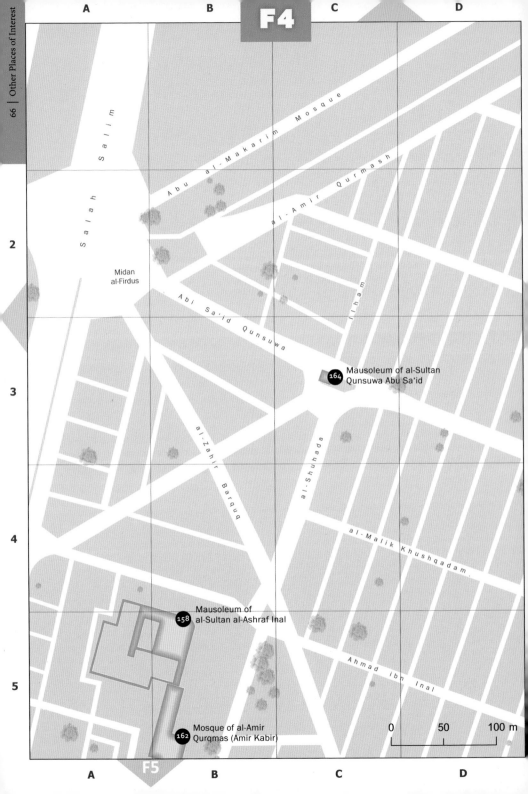

F4

A B C D

Salah Salim

Abu al-Makarim Mosque

al-Amir Qurmash

Ilham

2

Midan al-Firdus

Abi Sa'id Qunsuwa

al-Zahir Barquq

al-Shuhada

3

164 Mausoleum of al-Sultan Qunsuwa Abu Sa'id

4

al-Malik Khushqadam

158 Mausoleum of al-Sultan al-Ashraf Inal

5

Ahmad ibn Inal

162 Mosque of al-Amir Qurqmas (Amir Kabir)

0 50 100 m

A B C D

F5

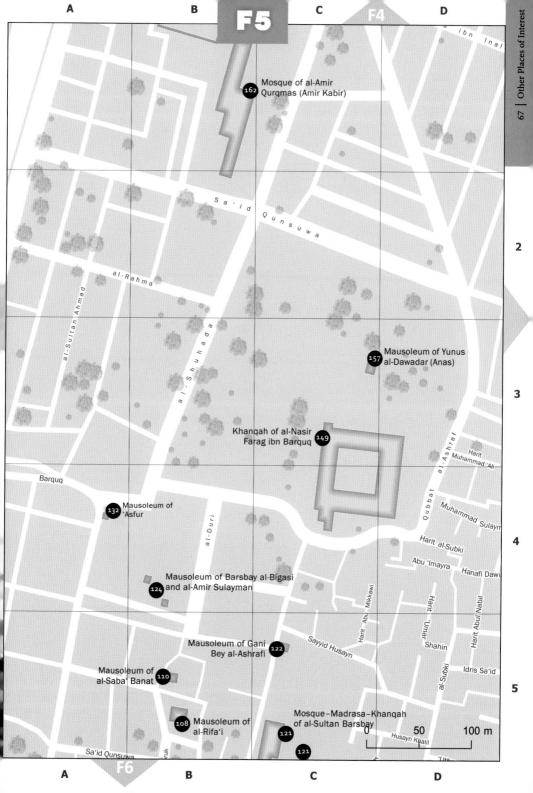

A   **B**   **F5**   **C**   **F4**   **D**

ibn Inal

162 Mosque of al-Amir
Qurqmas (Amir Kabir)

Sa'id Qunsuwa

2

al-Rahma

al-Sultan Ahmad

al-Shuhada

157 Mausoleum of Yunus
al-Dawadar (Anas)

3

Khanqah of al-Nasir
Farag ibn Barquq 149

al-Ashraf

Harit
Muhammad 'Ali

Barquq

132 Mausoleum of
'Asfur

al-Duri

Qubbat

Muhammad Sulaym

Harit al-Subki

Abu 'Imayra   Hanafi Dawu

4

124 Mausoleum of Barsbay al-Bigasi
and al-Amir Sulayman

Harit Abu Mikkawi

Harit
'Umar
Shahin

Harit Abul Nabi

122 Mausoleum of Gani
Bey al-Ashrafi

Sayyid Husayn

al-Subki

Idris Sa'id

Mausoleum of
al-Saba' Banat 110

5

108 Mausoleum of
al-Rifa'i

Mosque–Madrasa–Khanqah
of al-Sultan Barsbay

0   50   100 m

Husayn Khalil

121

Sa'id Qunsuwa   ruk

121

'Uth

A   **F6**   **B**   **C**   **D**

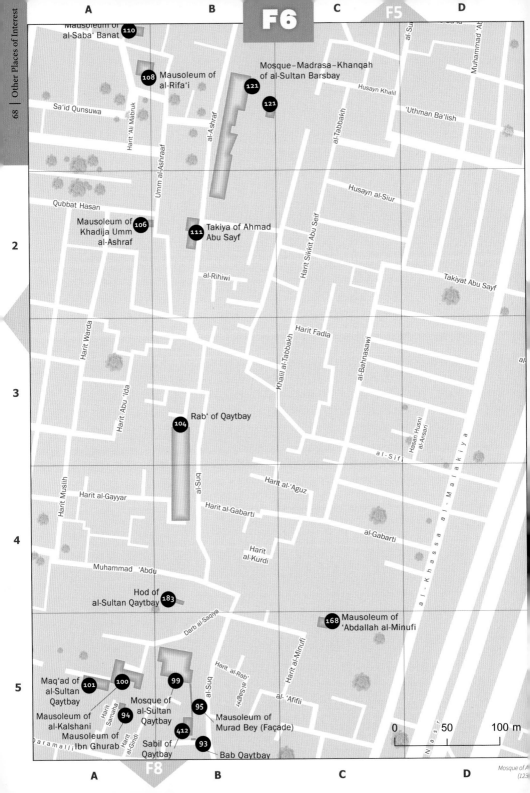

F6

F5

F8

- Mausoleum of al-Saba' Banat **110**
- Mausoleum of al-Rifa'i **108**
- Mosque–Madrasa–Khanqah of al-Sultan Barsbay **121** **121**
- Sa'id Qunsuwa
- Harit 'Ali Mabruk
- al-Ashraf
- Umm al-Ashraaf
- Husayn Khalil
- al-Tabbakh
- 'Uthman Ba'lish
- Muhammad 'Ab
- al-Su
- Qubbat Hasan
- Mausoleum of Khadija Umm al-Ashraf **106**
- Takiya of Ahmad Abu Sayf **111**
- al-Rihiwi
- Husayn al-Siur
- Harit Sikkit Abu Seif
- Takiyat Abu Sayf
- Harit Warda
- Harit Abu 'Ida
- Rab' of Qaytbay **104**
- Harit Fadla
- Khalil al-Tabbakh
- al-Bahnasawi
- Hasan Husni
- al-Ansari
- al-Sifi
- al-Khassa al-Malakiya
- Harit Musilh
- Harit al-Gayyar
- al-Suq
- Harit al-'Aguz
- Harit al-Gabarti
- al-Gabarti
- Harit al-Kurdi
- Muhammad 'Abdu
- Hod of al-Sultan Qaytbay **183**
- Darb al-Saqiya
- Mausoleum of 'Abdallah al-Minufi **168**
- Harit al-Minufi
- Maq'ad of al-Sultan Qaytbay **101**
- **100**
- Mosque of al-Sultan Qaytbay **99**
- al-Suq
- Harit al-Rab'
- Harit al-Sagha
- Mausoleum of al-Kalshani **94**
- Harit Samaha
- Harit al-Gindi
- **95**
- **412**
- Mausoleum of Murad Bey (Façade)
- al-'Afifi
- Mausoleum of Ibn Ghurab
- Sabil of Qaytbay
- **93**
- Bab Qaytbay
- Daramalli
- Nasr

0   50   100 m

(12

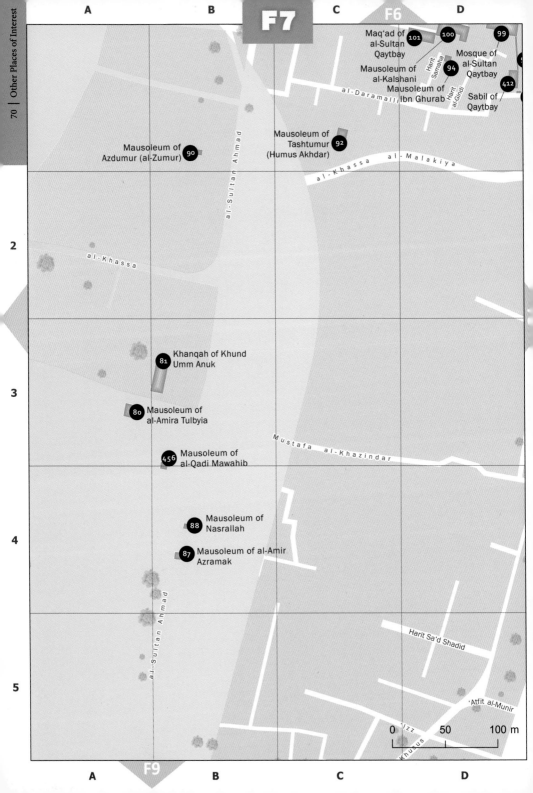

F7

F6

F9

A B C D

Maq'ad of
al-Sultan
Qaytbay

101

100

99

Harit Samaha

Mausoleum of
al-Kalshani

94

Mosque of
al-Sultan
Qaytbay

Mausoleum of
Ibn Ghurab

Harit al-Gindi

412

Sabil of
Qaytbay

al-Daramalli

Mausoleum of
Azdumur (al-Zumur)

90

al-Sultan Ahmad

Mausoleum of
Tashtumur
(Humus Akhdar)

92

al-Khassa   al-Malakiya

2

al-Khassa

3

Khanqah of Khund
Umm Anuk

81

Mausoleum of
al-Amira Tulbyia

80

Mausoleum of
al-Qadi Mawahib

456

Mustafa al-Khazindar

Mausoleum of
Nasrallah

88

4

Mausoleum of al-Amir
Azramak

87

al-Sultan Ahmad

5

Harit Sa'd Shadid

'Atfit al-Munir

'Izz

al-Khuzus

0   50   100 m

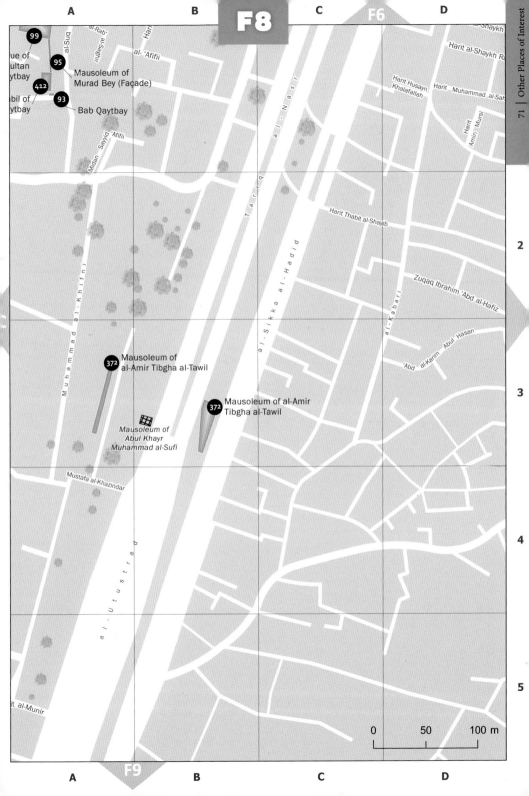

99

95

Mausoleum of
Murad Bey (Façade)

412

93

Bab Qaytbay

ue of
ultan
ytbay

bil of
ytbay

al-Suq

al-Rab'

al-Saffar

al-'Afifi

Harit

al-'Afifi

al-Shaykh

Harit al-Shaykh Ra

Harit Husayn
Khalafallah

Harit Muhammad al-Sah

Harit
Amin Mursi

Tariq al-Nasr

Midan Sayyid 'Afifi

Harit Thabit al-Shayib

2

al-Sikka al-Hadid

Zuqaq Ibrahim 'Abd al-Hafiz

al-Kabari

372 Mausoleum of
al-Amir Tibgha al-Tawil

'Abd al-Karim Abul Hasan

3

372 Mausoleum of al-Amir
Tibgha al-Tawil

Muhammad al-Khifni

Mausoleum of
Abul Khayr
Muhammad al-Sufi

Mustafa al-Khazindar

4

al-Utustrad

it al-Munir

5

0   50   100 m

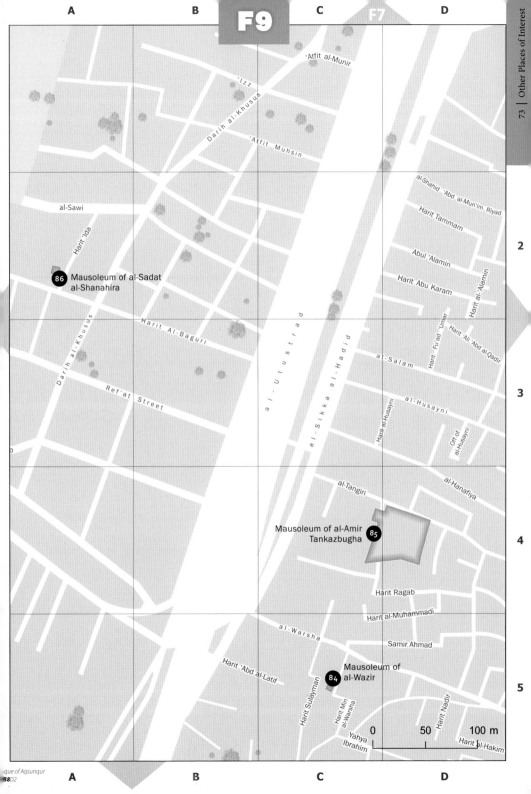

A   B   F9   C   F7   D

'Atfit al-Munir

'Izz

Darih al-Khusus

'Atfit Muhsin

al-Shahid 'Abd al-Mun'im Riyad

Harit Tammam

al-Sawi

Harit 'Ida

Abul 'Alamin

Harit al-'Alamin

2

86 Mausoleum of al-Sadat al-Shanahira

Harit Abu Karam

Darih al-Khusus

Harit Al-Baguri

al-Utustrad

al-Sikka al-Hadid

al-Salam

Harit Fu'ad 'Umar

Harit 'Ali 'Abd al-Qadir

3

Ref'at Street

al-Husayni

Harit al-Husayni

Off of al-Husayni

al-Tangiri

al-Hanafiya

Mausoleum of al-Amir Tankazbugha **85**

4

Harit Ragab

Harit al-Muhammadi

al-Warsha

Samir Ahmad

Harit 'Abd al-Latif

Mausoleum of **84** al-Wazir

5

Harit Sulayman

Harit Min al-Warsha

Harit Nadir

0   50   100 m

Yahya Ibrahim

Harit al-Hakim

A   B   C   D

A   B   C   D

2

al - M u q a t t a m
H i l l s

Qal'a of
Muhammad 'Ali 455

3

Tariq Khas bi-l-Mu'askar

4

Kahf of
517 al-Sudan

5

0   50   100 m

sque of Aqsunqur
B8D2

Masakin

A   F11   B   C   D

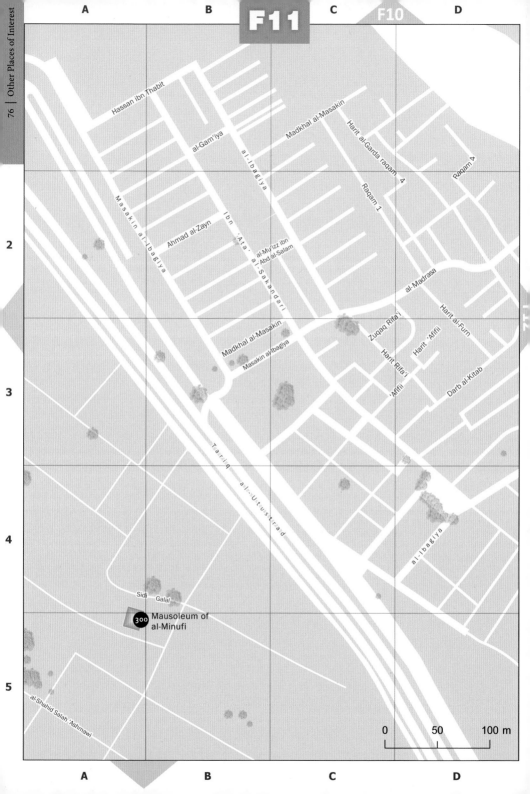

F11
F10

Hassan Ibn Thabit

al-Gam'iya

al-Ibagiya

Madkhal al-Masakin

Harit al-Garda raqam 4

Raqam 4

Raqam 1

Masakin al-Ibagiya

Ahmad al-Zayn

Ibn 'Ata' al-Sakandari

al-Mu'izz ibn 'Abd al-Salam

al-Madrasa

Madkhal al-Masakin

Masakin al-Ibagiya

Zuqaq Rifa'i

Harit al-Furn

Harit Rifa'i

Harit 'Afifii

'Afifii

Darb al-Kitab

Tariq al-Utustrad

al-Ibagiya

Sidi Galal

300 Mausoleum of al-Minufi

al-Shahid Salah 'Ashmawi

0   50   100 m

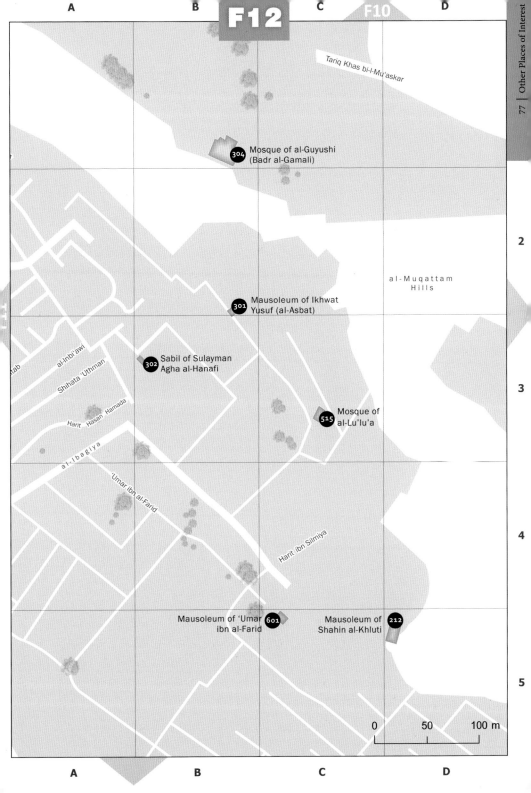

F10

A B C D

Tariq Khas bi-l-Mu'askar

304 Mosque of al-Guyushi
(Badr al-Gamali)

al-Muqattam
Hills

301 Mausoleum of Ikhwat
Yusuf (al-Asbat)

al-Inbi'awi

Shihata 'Uthman

302 Sabil of Sulayman
Agha al-Hanafi

Harit Hasan Hamada

515 Mosque of
al-Lu'lu'a

al-Ibaqiya

'Umar ibn al-Farid

Harit ibn Silmiya

Mausoleum of 'Umar **601**
ibn al-Farid

Mausoleum of **212**
Shahin al-Khluti

0 50 100 m

A B C D

1

2

3

4

5

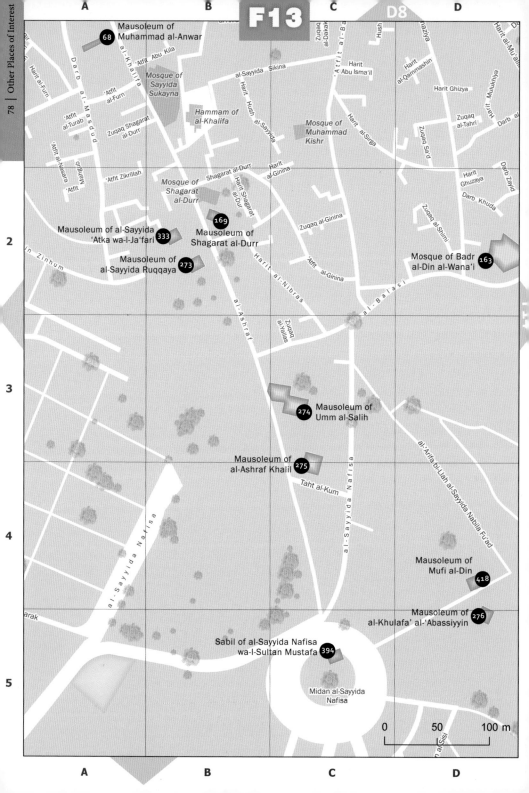

F13

A   B   C   D8   D

68 Mausoleum of Muhammad al-Anwar

Mosque of Sayyida Sukayna

Hammam of al-Khalifa

Mosque of Muhammad Kishr

al-Sayyida Sikina

Harit Abu Isma'il

Harit al-Qammashin

Harit Ghizya

'Atfit al-Bab

Zuqaq al-Dakaki

Hush

Harit al-Mu'alim

naziya

Zuqaq al-Tahri

Darb al

Darb Zayd

'Atfit al-Furn

'Atfit al-Khalifa

al-Khalifa

Darb al-Masdud

'Atfit al-Turab

Zuqaq Shagarat al-Durr

'Atfit al-Nasara

Manarg

'Atfit

'Atfit Zikrillah

Shagarat al-Durr

Harit Hush al-Sayyida

Harit al-Ginina

Harit al-Sirga

Harit Shagarat al-Durr

Mosque of Shagarat al-Durr

Zuqaq al-Ginina

'Atfit al-Ginina

Harit Ghuzaya

Darb Khuda

Zuqaq al-Shimi

Darb Zayd

Harit al-Nibras

333 Mausoleum of al-Sayyida 'Atka wa-l-Ja'fari

169 Mausoleum of Shagarat al-Durr

273 Mausoleum of al-Sayyida Ruqqaya

al-Ashraf

163 Mosque of Badr al-Din al-Wana'i

al-Balasi

2

'In Zinhum

Zuqaq al-Yallas

3

274 Mausoleum of Umm al-Salih

al-Sayyida Nafisa

al-Sayyida Nafisa

al-'Arfa bi-Llah al-Sayyida Nabila Fu'ad

275 Mausoleum of al-Ashraf Khalil

Taht al-Kum

4

418 Mausoleum of Mufi al-Din

276 Mausoleum of al-Khulafa' al-'Abassiyyin

arak

394 Sabil of al-Sayyida Nafisa wa-l-Sultan Mustafa

5

Midan al-Sayyida Nafisa

al-Sisi

0   50   100 m

A   B   C   D

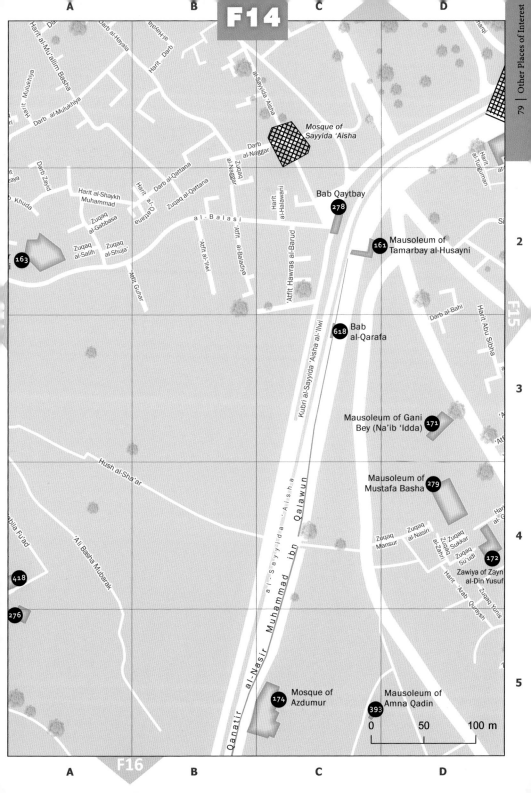

F15

F16

Mosque of
Sayyida 'Aisha

Bab Qaytbay
278

161 Mausoleum of
Tamarbay al-Husayni

618 Bab
al-Qarafa

Mausoleum of Gani
Bey (Na'ib 'Idda) **171**

Mausoleum of
Mustafa Basha **279**

172
Zawiya of Zayn
al-Din Yusuf

418

276

174 Mosque of
Azdumur

Mausoleum of
Amna Qadin
393

163

al-Balasi

Harit al-Mu'allim Basha

Harit al-Mulukhiya

Darb al-Mulukhiya

Darb Zayd

Khuda

Darb al-Hayala

Harit Darb

al-Sayyida 'Aisha

Darb
al-Naggar

Zuqaq al-Naggar

Darb al-Qattana

Zuqaq al-Qattana

al-Qattana

Harit al-Shaykh
Muhammad

Zuqaq
al-Gabbasa

Zuqaq
al-Salih

Zuqaq
al-Shuja'

'Atfit Guhar

'Atfit al-'Ilwi

'Atfit al-Baladiya

Harit
al-Haawani

'Atfit Hawras al-Barud

Kubri al-Sayyida 'Aisha al-'Ilwi

al-Sayyida 'Aisha ibn Muhammad al-Nasir Qalawun

Qanatir al-Nasir Muhammad ibn

Hush al-Sha'ar

'Ali Basha Mubarak

Sabila Fu'ad

Darb al-Bahi

Harit Abu Sibha

Harit al-Turguman

Zuqaq
Mansur

Zuqaq
al-Nasiri

Zuqaq
al-Zarni

Zuqaq
Su'udi

Zuqaq
Sukkar

Harit 'Arab Quraysh

Zuqaq Yunis

0   50   100 m

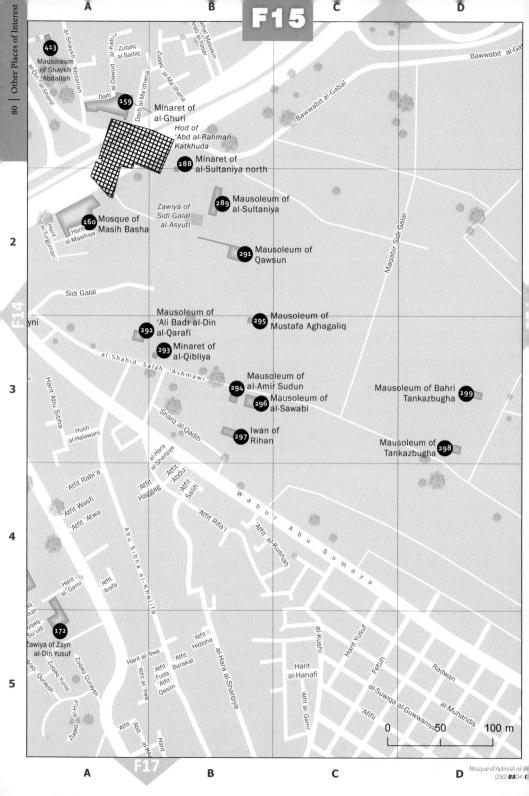

F15

A · B · C · D

413 Mausoleum of Shaykh 'Abdallah

al-Shaykh 'Abdallah
al-Din al-Sharqi

Zuqaq al-Sadiq

al-Kabir

al-Dawud

Darb al-Ma'dhana

Khal Masakin

Arab al-Yasar

Zuqaq al-Ma'dhana

Bawwabit al-Gal

159

Minaret of al-Ghuri

Hod of 'Abd al-Rahman Katkhuda

Bawwabit al-Gabal

288 Minaret of al-Sultaniya north

289 Mausoleum of al-Sultaniya

Zawiya of Sidi Galal al-Asyuti

160 Mosque of Masih Basha

Harit al-Turguman

Harit al-Masihiya

291 Mausoleum of Qawsun

Maqabir Sidi Galal

2

Sidi Galal

yni

292 Mausoleum of 'Ali Badr al-Din al-Qarafi

295 Mausoleum of Mustafa Aghagaliq

Harit Abu Sibha

al-Shahid Salah 'Ashmawi

293 Minaret of al-Qibliya

3

Hush al-Halawani

Sharq al-Qadib

294 Mausoleum of al-Amir Sudun

296 Mausoleum of al-Sawabi

299 Mausoleum of Bahri Tankazbugha

297 Iwan of Rihan

298 Mausoleum of Tankazbugha

al-Hara al-Sharqiya

'Atfit Rabi'a

'Atfit Haggag

'Atfit Abdu

'Atfit Salih

'Atfit Wasfi

'Atfit 'Atwa

'Atfit Rifa'i

'Atfit al-Kushah

W a b u r   A b u   S u m a y a

4

Abu Sibha al-Khalifa

Harit al-Gami'

'Atfit 'Arafa

'Atfit al-Kushi

Harit Yusuf

Fetuh

Radwan

172 Zawiya of Zayn al-Din Yusuf

Zuqaq Su'udi

Zuqaq Yunis

Zuqaq Quraysh

Arab Quraysh

'Atfit 'Ilwa

'Atfit Fuda 'Atfit Qasim

'Atfit Hidisha

'Atfit Barakat

Harit al-Ilwa

al-Hara al-Sharqiya

Harit al-Hanafi

'Afifii

al-Suwiqa al-Guwwaniya

al-Muhandis

5

'Atfit 'Abd

Harit

0   50   100 m

A · B · C · D

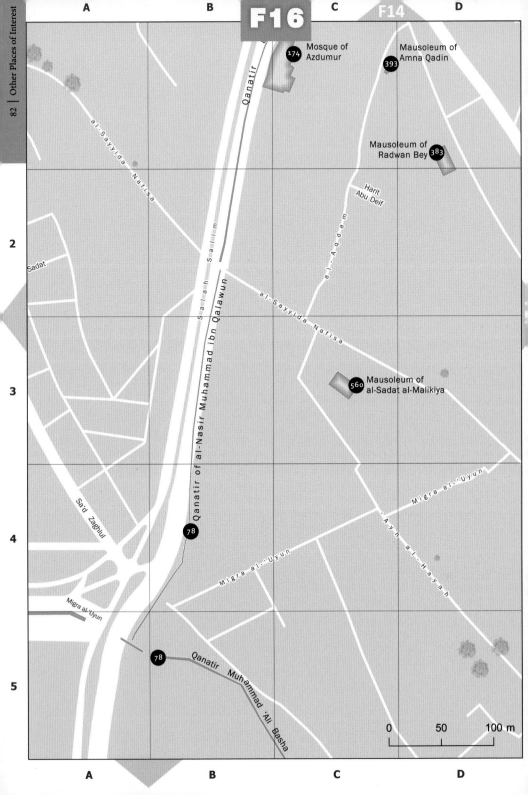

F16

F14

Mosque of
Azdumur 174

Mausoleum of
Amna Qadin 393

Mausoleum of
Radwan Bey 383

Harit
Abu Deif

al-Aqdam

al-Sayyida Nafisa

Qanatir

Salah Salim

Qanatir of al-Nasir Muhammad ibn Qalawun

al-Sayyida Nafisa

Sadat

Mausoleum of
al-Sadat al-Malikiya 560

Sa'd Zaghlul

Migra al-'Uyun

Migra al-'Uyun

'Ayn al-Hayah

78

Migra al-'Uyun

78

Qanatir Muhammad 'Ali Basha

0   50   100 m

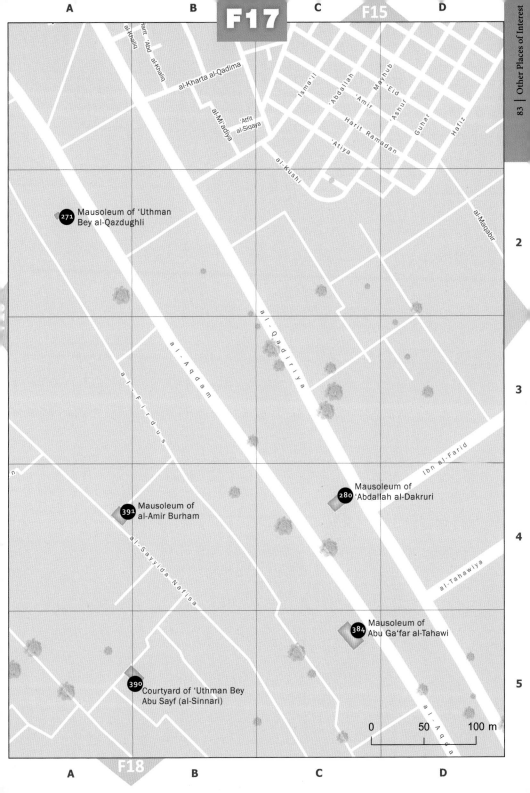

271 Mausoleum of 'Uthman Bey al-Qazdughli

391 Mausoleum of al-Amir Burham

280 Mausoleum of 'Abdallah al-Dakruri

384 Mausoleum of Abu Ga'far al-Tahawi

390 Courtyard of 'Uthman Bey Abu Sayf (al-Sinnari)

0   50   100 m

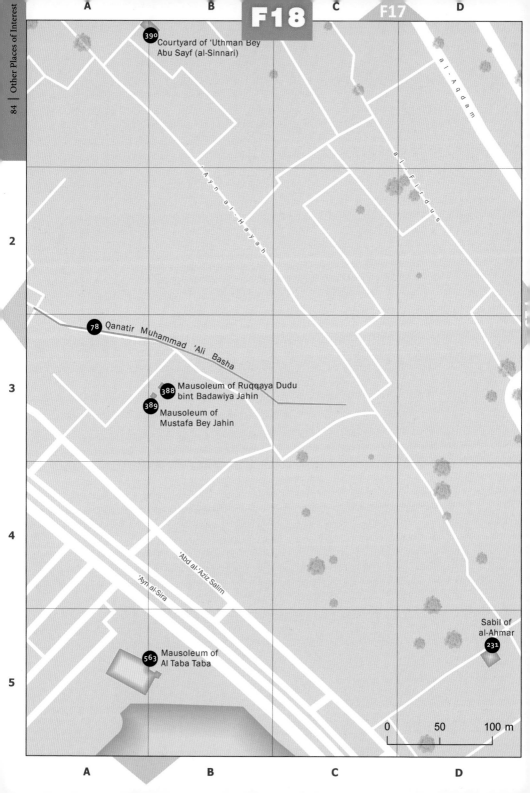

F18

F17

al-Aqdam

al-Firdus

390 Courtyard of 'Uthman Bey
Abu Sayf (al-Sinnari)

'Ayn al-Hayah

78 Qanatir Muhammad 'Ali Basha

388 Mausoleum of Ruqqaya Dudu
bint Badawiya Jahin

389 Mausoleum of
Mustafa Bey Jahin

'Abd al-'Aziz Salim

'Ayn al-Sira

Sabil of
al-Ahmar
231

563 Mausoleum of
Al Taba Taba

0   50   100 m

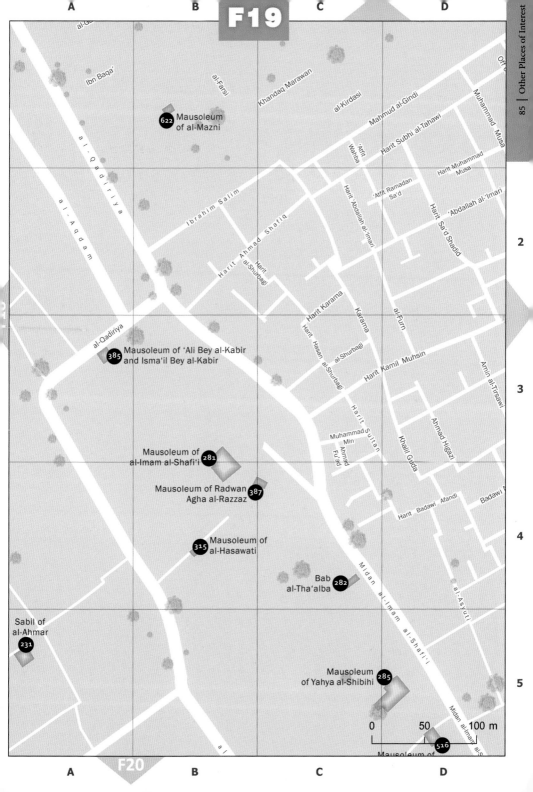

F19

al-Ge

Ibn Baqa'

al-Farsi

Khandaq Marawan

al-Kirdasi

Mahmud al-Gindi

Office

Muhammad Musa

Harit Subhi al-Tahawi

Harit Muhammad Musa

'Abdallah al-'Imari

Mausoleum of al-Mazni 622

al-Qadiriya

al-Aqdam

Ibrahim Salim

'Atfit Wahba

Harit 'Abdallah al-'Imari

'Atfit Ramadan Sa'd

Harit Sa'd Shadid

2

Harit Ahmad Shafiq

Harit al-Shurbagi

Harit al-Shurbagi

Harit Karama

Karama

al-Furn

al-Qadiriya

Mausoleum of 'Ali Bey al-Kabir and Isma'il Bey al-Kabir 385

Harit Hasan al-Shurbagi

Harit al-Shurbagi

Harit Kamil Muhsin

Amin al-Tirsawi

3

Mausoleum of al-Imam al-Shafi'i 281

Muhammad Min

Harit Sultan

Ahmad Fu'ad

Khalil Guda

Ahmad Higazi

Mausoleum of Radwan Agha al-Razzaz 387

Harit Badawi Afandi

Badawi N

Mausoleum of al-Hasawati 315

4

Bab al-Tha'alba 282

Midan al-Imam al-Shafi'i

al-Asyuti

Sabil of al-Ahmar 231

Mausoleum of Yahya al-Shibihi 285

5

Midan al-Imam al-

0   50   100 m

516

Mausoleum of

A   B   C   D

F20

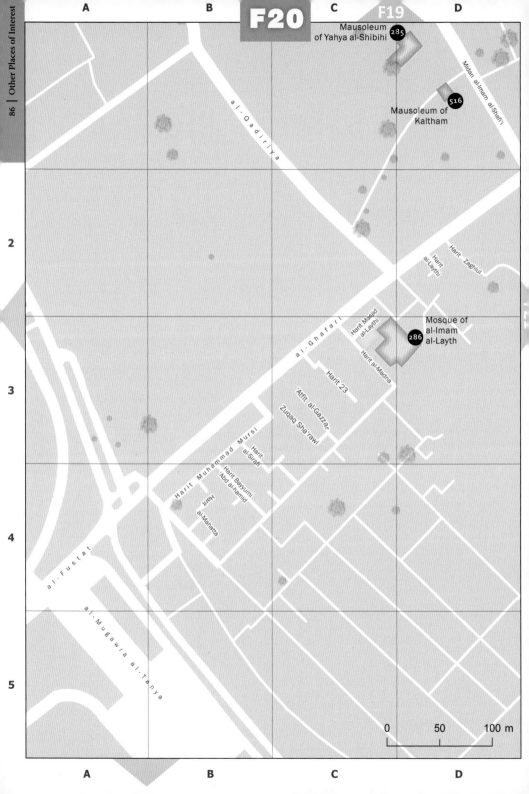

F20

F19

Mausoleum
of Yahya al-Shibihi

285

516

Mausoleum of
Kaltham

Midan al-Imam al-Shafi'i

al-Qadiriya

2

Harit Zaghlul

Harit
al-Laythi

al-Ghafari

Harit Masjid
al-Laythi

Mosque of
al-Imam
al-Layth

286

Harit al-Madna

Harit 23

3

'Arfit al-Gazzar

Zuqaq Sha'rawi

Harit Muhammad Mursi

Harit
al-Sirafi

Harit Bayyumi
'Abd al-hamid

Harit
al-Mahatta

4

al-Fustat

al-Mugawra al-Tanya

5

0   50   100 m

A   B   C   D

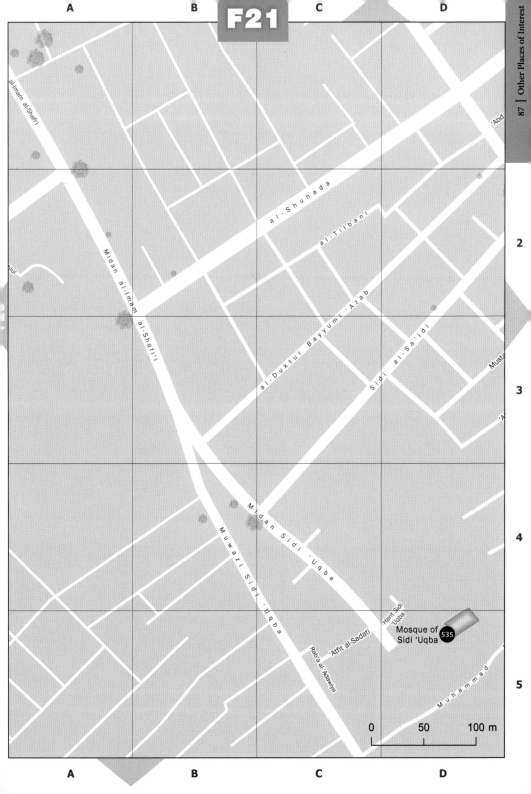

F21

A

B

C

D

al-Imam al-Shafi'i

Midan al-Imam al-Shafi'i

al-Shuhada

al-Tilbani

al-Duktur Bayyumi-Azab

Sidi al-Sa'idi

Musta

'Abd

'A

Midan Sidi 'Uqba

Muwazi Sidi 'Uqba

Harit Sidi 'Uqba

'Atfit al-Sadati

Rab'a al-Adawiya

Mosque of
Sidi 'Uqba

535

Muhammad

2

3

4

5

0   50   100 m

F22

A B C D

Mahmud Fahmi Basha

Salim Higazi

Mathaf al-Manyal

Tolba Ahmad Basha

'Ali Bahi al-Dib

al-Manyal

'Abdallah al-Sharqawi

al-Khawanki

2

Qasr al-Mukhtar

Bakr al-Sirifi

519 Mosque of
Qaytbay

Galal al-Asyuti

'Uthman Badran

Isma'il Ra'fat

al-Khawanki

G a m i '   Q a y t b a y

Mahmud Ramzi Qutb

3

Zuqaq al-Ridi

Harit al-Ridi

Harit Farag

al-Ghamri

Sharaf

Shukri

a l - M a n y a l

Yusif Mustafa

Ibrahim Bahir Zaghlul

4

Ibrahim Bahir Zaghlul

Madrasa of al-Sharq

Rafat

Harit 'Abd al-Dayim

al-Duktur Mahmud Kamil

Mustafa Rida

Mahmud Sarwat

5

'Abdu Badran

Sharaf

Sa'id Dhu al-Fiqar

0   50   100 m

A B C D

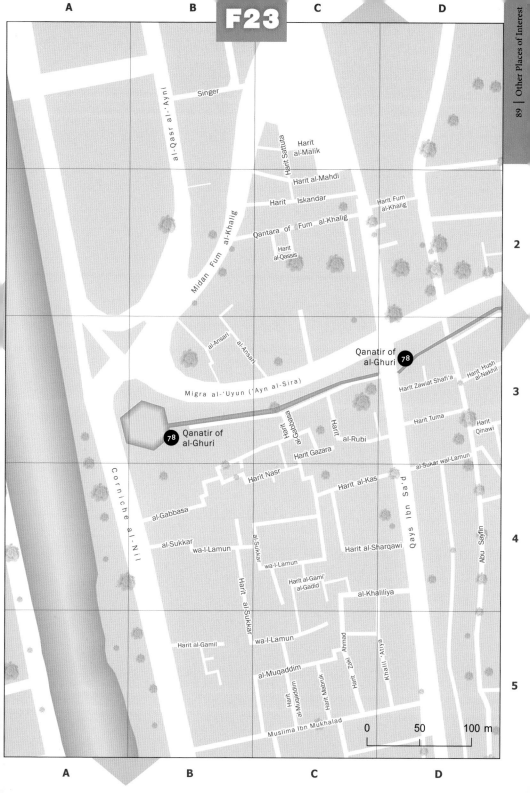

A   B   C   D

Singer

al-Qasr al-'Ayni

Harit Sattuta

Harit
al-Malik

Harit al-Mahdi

Harit   Iskandar

Harit Fum
al-Khalig

Qantara of Fum al-Khalig

Midan Fum al-Khalig

Harit
al-Qassis

2

al-Ansari

al-Ansari

Qanatir of
al-Ghuri   78

Migra al-'Uyun ('Ayn al-Sira)

Harit Zawiat Shafi'a

Harit Hush
al-Nakhil

3

Harit Tuma

Harit
Qinawi

78   Qanatir of
al-Ghuri

Harit
al-Gabbasa

Harit

al-Rubi

Harit Gazara

al-Sukar wal-Lamun

Corniche al-Nil

Harit Nasr

Harit al-Kas

Qays Ibn Sa'd

al-Gabbasa

al-Sukkar   wa-l-Lamun

al-Sukkar

wa-l-Lamun

Harit al-Gami'
al-Gadid

Harit al-Sharqawi

Abu Sayfin

4

al-Khaliliya

Harit
al-Sukkar

wa-l-Lamun

Harit al-Gamil

Harit
al-Muqaddim

Harit Mabruk

Harit Zaki Ahmed

Khalil 'Atiya

5

al-Muqaddim

Muslima Ibn Mukhalad

0   50   100 m

A   B   C   D

Glossary

'Atfa/'Atfit	Alley or lane
Bab	Gate, portal or door
Bimarestan	Hospital
Burg	Tower
Hammam	Public bathhouse
Hod	Watering trough or basin for animals
Hush	Walled enclosure or courtyard
Iwan	Portico, or large vaulted hall, in mosque or madrasa
Kahf	Cave
Khanqah	Sufi communal dwelling, with place of prayer attached
Kuttab	Elementary school, often attached to a sabil or mosque
Madash	Wheat and grain processing mill
Madrasa	School; foundation built as establishment for theological teaching, often associated with a mosque
Manara	Minaret
Maq'ad	Open loggia, often facing into a courtyard, in residences
Qa'a	Reception room, usually in a house or palace
Qal'a	Fort
Qanatir	Barrages
Qubba/Qubbat	Dome; domed tomb or mausoleum
Rab'	Residential apartment block, often with shops on the ground floor, founded as an investment for a waqf (endowment)
Ribat	Hospice for the poor
Sabil	Public water dispensary, erected as a charitable foundation
Sahrig	Water tank
Shari'	Road or street
Tikiya	Residential complex for Sufis, built around a courtyard
Waqf	Endowment
Wikala	Hostel for merchants, with storage units on the ground floor and residential accommodation on the upper floors
Zawiya	A small prayer space

Index of Monuments

This index lists the monuments from the maps in alphabetical order. The name of the monument is presented in bold, followed by the type of monument (marked by an asterisk if demolished), the year in AH/AD, the era it belongs to, the registration number (preceded by a U if it is unregistered), then the map location. The first letter–number combination is in bold and represents the map number. The following letter–number combination is the grid cell that the monument falls in within the map page. If the monument falls in multiple pages, multiple letter–number combinations are listed. The article al- and ibn between names are ignored in alphabetizing, as are the titles Amir and Sultan. For example, you will find Sultan Qaytbay listed as Qaytbay, Sultan.

A

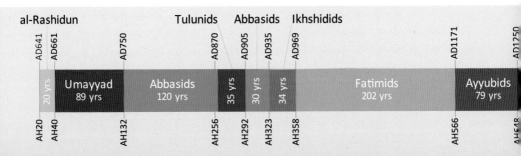

Ahmad Katkhuda al-Razzaz, House (AH 800–1192/AD 1400–1778) – *Ottoman* (235) **B4**B5 **B8**B1

Ahmad al-Mihmandar, Mosque (AH 725/AD 1324–1325) – *Bahri Mamluk* (115) **B4**A3

Ahmad al-Qasid, Mosque-Mausoleum (AH 735/AD 1335) – *Bahri Mamluk* (10) **A3**D2

Ahmad ibn Sha'ban, Zawiya (AH 900 est./AD 1500) – *Ottoman* (103) **A12**D2

Ahmad ibn Sulayman al-Rifa'i, Ribat (AH 690/AD 1291) – *Bahri Mamluk* (245) **B8**C4 **C1**C2

Ahmad ibn Tulun, Mosque (AH 263–265/AD 876–879) – *Tulunid* (220) **D7**C3

al-Ahmar, Sabil (AH 1000 est./AD 1600) – *Ottoman* (231) **F18**D5 **F19**A5

'Ain al-Ghazal, Wikala (AH 1160/AD 1747) – *Ottoman* (U15) **A7**A1

'Aisha al-Sutuhiya
Mosque* (AH 1169/AD 1755) – *Ottoman* (558) **A3**B1
Sabil-Kuttab* (AH 1169/AD 1755) – *Ottoman* (506) **A8**C5 **A12**C1

Al Taba Taba, Mausoleum (AH 300 est./AD 900) – *Abbasid* (563) **F18**A5

al-'Alaya, Minaret (AH 1000 est./AD 1600) – *Ottoman* (348) **F1**B1

'Ali ibn al-Arabi, Mosque (AH 1199/AD 1784) – *Ottoman* (459) **A11**A2

'Ali Afandi Labib, House (AH 1100 est./AD 1700) – *Ottoman* (497) **C1**C4

'Ali Agha Dar al-Sa'ada, Sabil-Kuttab 1088/AD 1677) – *Ottoman* (268) **D4**A4

'Ali al-'Amri, Mosque (AH 900 est./AD 1500) – *Burgi Mamluk* (426) **B2**B4

'Ali Badr al-Din al-Qarafi, Mausoleum (AH 700–710/AD 1300–1310) – *Bahri Mamluk* (292) **F15**A3

'Ali al-Baqli, Minaret (AH 696/AD 1297) – *Bahri Mamluk* (156) **C4**B5 **D8**D3

'Ali Bey al-Dumyati, Sabil-Kuttab (AH 1122/AD 1710) – *Ottoman* (197) **A10**C4 **B2**C1

'Ali Bey al-Kabir and Isma'il Bey al-Kabir, Mausoleum (AH 1187/AD 1773) – *Ottoman* (385) **F19**A3

'Ali al-Gizi, Mausoleum (AH 1100 est./AD 1700) – *Ottoman* (277) **F14**B2

'Ali Katkhuda (al-Rub'umaya), House (AH 1190/AD 1776) – *Ottoman* (540) **B5**C4

'Ali al-Maghrabi, Zawiya (AH 1282/AD 1866) – *Muhammad 'Ali* (U41) **B4**B5 **B8**B1

'Ali Nigm, Mausoleum (AH 1000 est./AD 1600) – *Ottoman* (359) **A11**B5 **B3**A2

'Ali al-Tarrabi, Mosque (AH 1000 est./AD 1600) – *Ottoman* (U70) C3B2

Alin Aq al-Nasiri, Palace (AH 730/AD 1329–1330) – *Bahri Mamluk* (249) **B8**D3 **C1**D1 **C2**A1

Alti Barmaq, Mosque (AH 1123/AD 1711) – *Ottoman* (126) B8B3 **C1**B1

Amin Afandi ibn Hayza', Sabil–Kuttab (AH 1056/AD 1646) – *Ottoman* (23) **A8**B3

Amna bint Salim, House (AH 947/AD 1540) – *Ottoman* (559) **D7**D3 **D8**A3

Amna Qadin, Mausoleum (AH 1117/AD 1705) – *Ottoman* (393) **F14**C5 **F16**C1

'Amr ibn al-'As, Mosque (AH 21–1212/AD 641–1797) – *Rashidun* (319) **E1**C3

Anbar al-Nur, Mosque (AH 1200 est./AD 1800) – *Ottoman* (U131) **A12**C4 **B4**B1

al-Aqmar, Mosque (AH 519/AD 1125) – *Fatimid* (33) **A3**B5 **A7**B1

Aqsunqur
Mausoleum (AH 771/AD 1370) – *Bahri Mamluk* (310) **B5**C3
Mosque (AH 747–748/AD 1346–1347) – *Bahri Mamluk* (123) **B8**D2

Aqsunqur al-Fariqani al-Habashli, Mosque (AH 1080/AD 1669–1670) – *Ottoman* (193) **A10**B4 **B2**B1

Aqtay al-Farisi, Mausoleum (AH 652/AD 1254) – *Bahri Mamluk* (370) **C6**B4

al-Arba'in, Zawiya* (AH 1084/AD 1673) – *Ottoman* (353) **D3**D2 **D4**A2

Archaeological Garden and Theater, Courtyard (AH 1416/AD 1995) – (U82) **C3**D3

Arghun Shah al-Isma'ili, Mosque (AH 748/AD 1347) – *Bahri Mamluk* (253) **D1**B2

'Arif Basha, Zawiya (AH 1284/AD 1868) – *Muhammad 'Ali* (U40) **B4**B5

Armory Industrial Area, Armory (AH 1200 est./AD 1800) – *Muhammad 'Ali* (U95) **C5**A2

Army Barracks (AH 1244/AD 1828) – *Muhammad 'Ali* (U54) **C3**C4

Arsenal (AH 1236/AD 1820) – *Muhammad 'Ali* (U92) **C2**B5 **C5**B1

al-'Arusi and al-'Iryan, House (AH 1184/AD 1770) – *Ottoman* (165) **A1**B4

al-'Asal, Wikala (AH 1000–1200 est./AD 1600–1800) – *Ottoman* (U17) **A7**B4

Asanbugha, Mosque (AH 772/AD 1370) – *Bahri Mamluk* (185) **A10**B3

'Asfur, Mausoleum (AH 912/AD 1506) – *Burgi Mamluk* (132) **F5**A4

al-Ashraf Barsbay, Madrasa (AH 829/AD 1425) – *Burgi Mamluk* (175) **A7**B5

al-Ashraf Inal, al-Sultan, Mausoleum (AH 855–860/AD 1451–1456) – *Burgi Mamluk* (158) **F4**B5

al-Ashraf Khalil, Mausoleum (AH 687/AD 1288) – *Bahri Mamluk* (275) **F13**C3

al-Ashrafiya, Qa'a (AH 692/AD 1292) – *Bahri Mamluk* (U88) **C5**B2

Aslam al-Silahdar, Mosque (AH 745–746/AD 1344–1345) – *Bahri Mamluk* (112) **B4**C2

'Atfit al-Zababqi, façade and portal of the Wikala and Sabil–Kuttab, Wikala* (AH 1100 est./AD 1700) – *Ottoman* (491) **A2**D3

2 'Atfit al-Zilahi, House (AH 1267/AD 1850) – *Muhammad 'Ali* (U57) **B8**D4 **C2**A2

Awlad al-Asyad, Mausoleum (AH 700 est./AD 1300) – *Ottoman* (215) **B7**C1

Aydumur al-Bahlawan, Mosque (AH 747/AD 1346) – *Bahri Mamluk* (22) **A8**B2

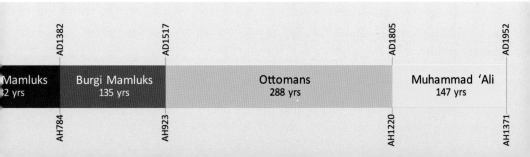

References

Cairo Muhammadan Monuments (2 Sheets). 1948. [Map]. Cairo : Maslahat al-Misaha.

Warner, N. 2005. *The Monuments of Historic Cairo: A Map and Descriptive Catalogue* (1 edition). Cairo: The American University in Cairo Press.

Williams, C. 2008. *Islamic Monuments in Cairo: The Practical Guide*; New Revised Edition (Revised edition). Cairo: The American University in Cairo Press.

Acknowledgments

This project would not have been accomplished without two significant agencies: Clarion University of Pennsylvania and the Fulbright Commission. Clarion University granted me a sabbatical leave during the academic year of 2018–2019 that enabled me to apply for the Fulbright US Scholar program to Egypt. The continuous support and encouragement of my colleagues and supervisors at Clarion University during this period is greatly appreciated. The Binational Fulbright Commission in Egypt (BFCE) played a great role in facilitating my stay and in coordinating many activities that had a positive impact on this project. They provided references and access to libraries as well as the organization of multiple events that helped to expose this work to a broader audience in Egypt. A special thanks goes to Dr. Maggie Nassif, Executive Director, as well as her wonderful team at the BFCE.

Special thanks are also due to the American Research Center in Egypt (ARCE) and the staff of the American University in Cairo Rare Books and Special Collections and Digital Library (RBSC-DL). They provided essential references and support documentations, and they participated in multiple meetings. They also hosted me as a guest lecturer on several occasions, which helped tremendously in connecting with professionals in the area of Egyptian heritage preservation.